KB115589

특허 콘서트

특허 콘서트

발행일   2024년 8월 28일

지은이   김태수
펴낸이   손형국
펴낸곳   (주)북랩
편집인   선일영   편집   김은수, 배진용, 김현아, 김부경, 김다빈
디자인   이현수, 김민하, 임진형, 안유경   제작   박기성, 구성우, 이창영, 배상진
마케팅   김회란, 박진관
출판등록   2004. 12. 1(제2012-000051호)
주소   서울특별시 금천구 가산디지털 1로 168, 우림라이온스밸리 B동 B111호, B113~115호
홈페이지   www.book.co.kr
전화번호   (02)2026-5777   팩스   (02)3159-9637

ISBN   979-11-7224-255-8 03360 (종이책)   979-11-7224-256-5 05360 (전자책)

잘못된 책은 구입한 곳에서 교환해드립니다.
이 책은 저작권법에 따라 보호받는 저작물이므로 무단 전재와 복제를 금합니다.
이 책은 (주)북랩이 보유한 리코 장비로 인쇄되었습니다.

(주)북랩 성공출판의 파트너

북랩 홈페이지와 패밀리 사이트에서 다양한 출판 솔루션을 만나 보세요!

홈페이지 book.co.kr   •   **블로그** blog.naver.com/essaybook   •   **출판문의** book@book.co.kr

---

작가 연락처 문의 ▸ ask.book.co.kr

작가 연락처는 개인정보이므로 북랩에서 알려드릴 수 없습니다.

개정판

특허

PATENT CONCERT

콘서트

비즈니스 성공을 위한
특허 전략

김태수
지 음

★★★
세종도서
교양부문
선정도서

★★★
대한민국
독서토론
논술대회
지정도서

북랩

'특허'라는 용어는 삼성과 애플의 글로벌 특허 분쟁이 불거지면서부터 많은 사람들에게 친숙하게 되는 계기가 되었다. 이 분쟁에서 디자인 특허가 애플의 주요 무기로 등장하면서 한국 사회에 큰 충격을 주었다. 또한 한국의 전통 디저트 카페 '설빙'이 중국에서 상표를 선점당한 후 10년 만에 되찾았다는 소식과 SBS 예능 프로그램 〈백종원의 골목식당〉에서 소개된 포항 덮죽집이 방송 이후 상표 이슈로 많은 논쟁을 낳았다. 이제 특허, 디자인, 상표는 우리 사회의 일상이 되어 가고 있다.

특허에 대한 뉴스가 언론에 자주 등장하면서 특허가 중요하다는 인식은 다소 높아졌지만, 특허의 실체는 이해하기 어려운 용어와 문구로 마치 베일에 가려져 있는 듯하다. 불행하게도 사업의 중요한 고비에 특허라는 장애물을 만나게 될 때, 비로소 특허를 조금씩 이해하게 된다.

그렇다면 특허는 도대체 무엇이고 어떤 역할을 할까? 특허 그 자체는 중요하지 않다. 특허를 받았다고 사업의 성공이 보장되는 것도 아니며, 특허로 무조건 돈을 벌 수 있는 것도 아니다. 혁신적인 제품이나 서비스가 소비자에게 사랑받을 때 비로소 모방품을 막아 주는 특허의 가치를 실감하게 된다. 따라서 특허는 제품이나 서비스와 밀접하게 관련될 수 있도록 검토되고 관리되어야 한다. 하지만 우리의 현실은 제품과 특허를 연계시키지 못하고 있다. 그저 특허는 창고에 쌓아 둔 먼지가 가득한 서류 더미로 취급한다. 반면 미국 등 선진국의 기업들은 수십 년 전부터 특허를 통해 세상을 지배하고 있다. 퀄컴이 휴대폰 1대 판매가의 5%를 특허 로열티로 받고 있을 정도이니 특허가 얼마나 강력한 힘을 발휘하는지 가늠해 볼 수 있다.

실제로 특허 교육을 진행하면서 이해하기 어려운 특허를 어떻게 설명해야 할지 많은 고민을 해 왔다. 특허법 관련 조문을 보여 주며 강의를 진행한다면 특허에 대해 거리감만 느끼게 할 뿐, 아무런 효과가 없다. 이보다는 현실적 사례의 스토리를 통하여 특허의 실체를 보여 주는 것이 훨씬 더 도움이 된다. 예를 들어, 날개 없는 선풍기가 인기를 끌면서 모방 제품이 등장하자 특허가 이슈화되었다. 날개 없는 선풍기의 특허는 실체가 무엇인지, 어떤 부분이 문제가 되었는지 구체적인 스토리를 설명하자, 특허에 한 걸음 다가서는 교육생의 흥미로운 표정을 엿볼 수 있었다.

이 책은 실제 사례를 통해 특허와 관련된 제도와 개념을 이해하는 데 초점을 두고 있다. 이 책의 제목이 『특허 콘서트』인 이유도 콘서트를 즐기듯 실제 사례의 스토리를 흥미롭게 읽으면 자연스럽게 특허를 알아 가기 때문이다. 에스보드, MP3 플레이어, 아이폰(iPhone), 날개 없는 선풍기, 원 클릭 기술, 노키아 휴대폰, 글리벡 등의 사례가 대표적이다. 특허에 대한 기본 상식을 쌓은 후 우리는 어떻게 특허를 활용할 것인지 끊임없이 고민해 보아야 한다. 특허의 활용은 퀄컴, 질레트, IBM 등의 기업 사례에서 시사점을 추출할 수 있다. 특허에 관한 상식과 정보를 습득하게 되면 자연스럽게 특허가 우리의 미래를 결정한다는 사실을 깨닫게 된다. 마지막 장에서 앞으로 우리가 해야 할 일들을 하나씩 점검한다.

개정판은 초판의 골격을 유지하면서 특허와 함께 중요한 이슈로 떠오른 영업 비밀과 디자인 특허에 대한 내용을 추가하였다. 우리나라가 선진국으로 진입하면서 기술 경쟁력을 지키기 위해 영업 비밀과 특허가 상호 보완될 수 있는 프로세스에 대해 소개하고, 제3장에 디자인 특허에 대한 독립된 내용을 추가하여 설명하였다.

우리 모두는 자신의 의지와 상관없이 특허와 관련되어 살아가고 있다. 창업자는 특허 때문에 사업이 번창하거나, 망할 수도 있다. 기업의 연구원은 특허를 분석하고, 연구 개발 내용을 특허로 신청하는 일이 기본 업무가 되었다. 대학생들은 기본 교양 과목으로 특허 강의를 듣고 있고, 고등학교에 지식재산 교과서가 도입되었다. 법률 용어를 배제하고 쉬운 용어를 사용하여 창업자, 연구 개발자, 대학생, 고등학생, 일반인이 특허의 지식과 정보를 쉽게 이해할 수 있도록 책의 내용을 구성했다.

　이 도서가 '2016 세종 도서 교양 부문 선정 도서', '2018 대한민국 독서 토론 논술대회 지정 도서'로 선정되고, 전국을 다니며 강의할 수 있도록 성원해 주시고 사랑해 주신 수많은 독자분들께 이 지면을 통해 감사드린다. 앞으로도 독자의 사랑을 잊지 않고, 이 책의 내용을 수정하고 보완하는 작업을 손에서 놓지 않을 것임을 다짐해 본다.

2024년 8월
김태수

제2장 ____ 혁신적인 아이디어 보호가 우선이다

제4장 ── 특허, 세상을 지배하다

제1장

대한민국의
창의적인 혁신 역량은 뛰어나다

01
에스보드,
특허를 디딤돌 삼아 세계를 누비다

2004년 5월, 미국 펜실베이니아주 피츠버그에서 열린 국제 발명전(2004 INPEX)에 에스보드라는 한국 발명품이 출품되었다. 에스보드는 전 미주 지역 최고 발명상, 스포츠 부문 금상, 레크리에이션 부문 금상, 완구 및 게임 부문 금상으로 선정되어 최종적으로 그랑프리 대상을 수상하였다. 그 주인공은 바로 서울역에서 노숙자 생활을 한 강신기 사장이다.

서울역 노숙자, 벤처 기업 CEO로 다시 태어나다

강신기 사장은 2004년 국제 발명전에서 대상을 수상하면서 유명세를 타게 되었다. 하지만 그의 인생은 순탄치 않았다. 강신기 사장은 어려운 유년 시절을 보냈고, 침대 사업을 하다가 IMF의 여

파로 부도를 맞았다. 빚더미에 앉은 그는 서울역에서 노숙자 생활을 시작했다. 하지만 그는 노숙자 생활이 오히려 힘차게 비상해야 할 바닥이라고 여겼다. 결국, 서울역 노숙자 생활을 벗어나 벤처 기업 CEO로 다시 태어났다. 이런 그의 인생 역전은 '긍정의 힘'을 보여 주는 대표적인 모범 사례가 되어 2005년 국정홍보처가 제작한 '긍정의 힘을 믿습니다'라는 광고에 출연하기도 했다.

강신기 사장의 저서『지구를 흔든 남자』를 보면 많은 이야기가 담겨 있다. 특히 끈질기게 에스보드 개발에 모든 것을 쏟아붓고, 개발 자금 한 푼 없이 한 발씩 나아가는 모습은 감동적이기까지 하다.

강신기 사장은 거리에서 아이들이 타는 킥보드에 관심을 가진 후 고물상에 들러 두 개의 바퀴가 달린 킥보드를 하나 얻어서, T자 모양의 손잡이를 잘라 내고 올라타 보았다. 이후 부서진 스케

에스보드
출처: essking.com

이트보드를 타면서 발로 땅을 구르지 않고도 앞으로 나아가는 것을 생각하기에 이르렀다. 다만, 발로 땅을 구르지 않고, 추진력을 얻는 것이 가장 큰 문제였다.

어느 날, 그는 지인을 만나러 갔다가 우연히 한 청년이 이상한 보드를 타는 것을 발견했다. 스케이트보드를 둘로 나누고 양쪽에 바퀴를 단 보드였다. 강신기 사장이 개념적으로 생각했던 땅을 구르지 않고 앞으로 나아가는 보드였다. 강신기 사장은 이 보드를 '에스보드(Essboard)'라 명명하고 사업화하기로 결심하게 되었다. 그가 특허, 디자인, 금형 등 하나씩 매듭을 풀어 가며 결국 에스보드를 제품으로 탄생시켰다. 이제 에스보드가 탄생하는 데 큰 역할을 한 특허 스토리를 함께 따라가 보자.

특허라는 촉매제로 혁신 제품이 탄생하다

강신기 사장이 우연히 만난 청년은 에스보드의 최초 발명자였다. 그 청년은 특허 신청까지 했지만, 제품의 사업화는 고려하고 있지 않았다. 강신기 사장은 이 청년에게 나중에 5천만 원을 주기로 하고 특허를 사들였다고 한다. 특허는 재산권의 일종이므로 당연히 양도가 가능하다. 발명의 양도는 발명을 한 이후라면 특허 신청이나 특허 등록과 관계없이 언제든지 가능하다. 이는 발명가가 자신의 발명에 대해 보상을 받는 수단이 된다. 반면, 발명을 사업화하고자 하는 사람은 이 발명을 양도받아 사업에 충분히 활용할 수 있다.

청년 발명가의 입장에서 생각하면 자신의 발명에 대해 특허를 신청하였지만 더 이상의 다른 진전이 없었다면 아쉽지 않았을까? 청년 발명가가 강신기 사장을 만나지 못했다면 에스보드의 기본 원리를 발명하는 데 들인 노력과 시간이 헛되게 된다. 결과적으로 이 청년에게 특허의 양도는 자신의 노력에 대해 보상을 받는 최상의 방법이었다. 이런 보상은 발명가에게 또 다른 발명을 추진하는 동인이 된다.

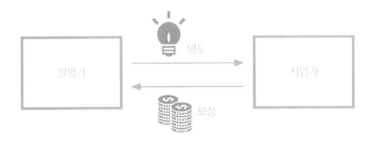

특허의 양도

강신기 사장은 청년으로부터 특허를 양도받은 후 청년의 특허 신청 전에 있었던 기술을 알아보기 위해 선행 기술조사를 진행하였다. 선행 기술조사란 이제까지 어떤 기술이 적용되었는지 조사하는 것을 말한다. 아무리 좋은 발명을 했더라도 기존에 있던 발명이라면 그 의미를 상실한다. 가끔 이런 경우를 경험하곤 한다. 우수한 아이디어라고 평가되어 차분히 선행 기술조사를 해 보면, 몇십 년 전부터 사람들이 생각했던 기술임을 확인하고 허탈감에 빠지게 된다. 만일 선행 기술조사를 하지 않고 사업을 진행했다가 다른 사람이 특허권을 가지고 있다는 사실이 밝혀지면 그 특허권으로 인하여 사업은 어려움을 겪게 된다. 강신기 사장은 기존 발명에는 추진력을 제공하는 '방향성 캐스터'가 없다는 것을 알고 사업에 확신을 가졌다고 한다. 이렇게 사업 전에 선행 기술조사를 통해 특허 분쟁을 예방하면서 사업 방향을 정하고, 특허를 취득하는 과정은 필수적인 절차이다.

『지구를 흔든 남자』를 보면, 강신기 사장이 개발 자금을 확보하기 위해 낡은 합판지를 들고 발로 뛸 때, 이를 보다 못한 그의 친구는 그에게 "그런 합판짝을 들고 다녀 봤자 너에게 돈 내줄 사람은 없을 거야. 괜히 용쓰지 말고 일단 제품을 새로 완성해서 네 이름으로 특허를 내도록 해. 뭐라도 믿는 구석이 있어야 돈을 빌려줄 거 아니야?"라며 따끔한 충고를 했다고 한다. 그렇다. 기술은 특허로 보호받아야 투자자들이 마음 편히 돈을 투자할 수 있다. 즉, 특허가 없다면 아무나 뛰어들 수 있는 사업이기 때문에, 특허권은 진입 장벽의 하나로 여겨진다. 이렇듯 특허 제도는 기술을 보호하여 투자를 활성화하고 상품을 개발할 수 있는 환경을 제공한다.

친구의 말을 들은 강신기 사장은 청년 발명가의 특허를 보강하여 특허를 다시 신청했다. 그의 특허는 '방향성 캐스터를 구비한 스케이트보드'라는 명칭으로 신청되어 등록되었다. 강신기 사장의 등록된 청구항(발명) 내용을 특허 도면을 참조하면서 살펴보자. 특허 청구항의 표현 방식은 처음에 보면 생소하고 이해하기도 쉽지 않다. 하지만 특허를 이해하는 핵심 요소이기 때문에 익숙해지는 방법밖에 없다.

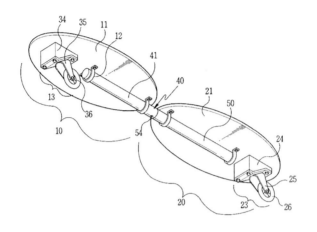

에스보드 등록특허의 도면
출처: 등록특허 제10-0394848호

[청구항] 앞보드(10)와 뒷보드(20)를 이격 상태로 고정시키는 연결 요소를 포함하는 스케이트보드에 있어서, 상기 두 개의 보드(10, 20) 중 적어도 하나는 플레이트(11, 21)의 저면에 부착되는 1 이상의 방향성 캐스터(13, 23)를 포함하고, 상기 연결 요소는 비틀림 또는 굽힘 시 탄성 복원할 수 있도록 탄성체를 구비한 것을 특징으로 하는 스케이트보드.

에스보드의 전진 방법을 살펴보면 두 개의 보드가 용수철과 같은 탄성체로 연결되고, 보드에는 방향성 캐스터(13, 23)가 부착되어 있다. 방향성 캐스터는 바퀴의 축이 보드와 직각을 이루지 않고 결합되어 축 자체가 회전할 수 있는 바퀴를 말한다. 앞보드에 올려놓은 발의 앞꿈치에 힘을 주면 앞보드가 기울고, 방향성 캐스터가 돌아가면서 앞으로 전진한다. 앞꿈치와 뒤꿈치에 번갈아 힘을 주면 방향성 캐스터는 S자 모양을 그리면서 앞으로 전진하게 된다. 탄성체는 앞꿈치와 뒤꿈치에 힘을 줄 때 쉽게 원상태로 되돌아올 수 있게 해 준다. 강신기 사장은 S자 모양의 바퀴 자국을 보고 'Essboard'로 이름을 짓기에 이르렀다. 우리는 특허등록 청구항에서 발명의 특징을 확인할 수 있는데, 그 특징은 앞보드와 뒷보드를 연결시켜 주기 위한 탄성체와 보드에 부착된 방향성 캐스터에 있다.

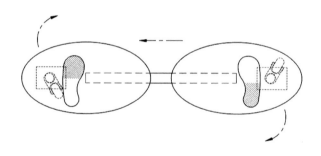

에스보드의 전진 방법
출처: 등록특허 제10-0394848호

강신기 사장은 이 특허로 2003년 대한민국 특허기술대전에서 '국무총리상'을 수상하게 되었고, 특허권을 담보로 설정하여 한국기술신용보증기금으로부터 15억 원을 대출받아 사업 자금을 확보할 수 있었다. 사업 자금을 확보한 강신기 사장은 2003년 8월 특허를 등록하고, 2003년 9월 에스보드 제품을 출시하였다. 즉, 특허가 혁신 제품을 탄생시키는 촉매제가 되었다.

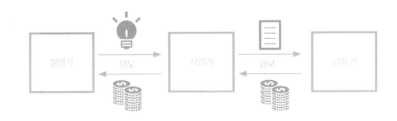

특허의 양도와 IP 금융

에스보드 제품의 디자인권과 상표권을 확보하다

강신기 사장의 친구는 또 한 번 큰 도움을 준다. 『지구를 흔든 남자』를 보면 강신기 사장이 기술 개발을 마치고 특허를 등록받게 될 즈음, 그의 친구는 제품을 디자인해야 한다고 조언한다. 강신기 사장이 디자인은 중요하지 않다고 말하자, 그의 친구는 "제품을 발명하고 개발하는 일보다 더 중요한 것은 바로 디자인이야. 보기 좋은 떡이 먹기도 좋다는 말이 있잖아. 사람들이 제품을 구매하고 싶은 충동이 들게끔 디자인을 할 수 있다면 일단 반은 성공한 거라구."라고 강하게 질책했다. 이제 강신기 사장은 무일

푼일 당시 에스보드의 디자인 개발에 착수한다. 디자인 전문 회사를 찾아가 상담을 받고 한국디자인진흥원을 통하여 정부 지원을 받아 디자인을 개발하게 된다. 에스보드의 디자인은 한국디자인진흥원으로부터 '벤처 디자인 금상'까지 수상하였다. 이 디자인은 다음과 같이 2003년 7월 디자인 등록이 신청되어 2004년 3월에 디자인을 등록하였다.

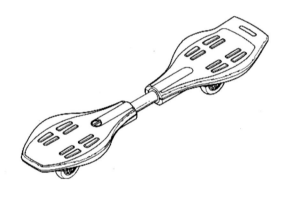

에스보드 제품의 디자인권
출처: 등록디자인 제30-0347471호

강신기 사장은 S자 모양의 바퀴 자국을 보고 'Essboard'로 브랜드를 확정했다. 강신기 사장은 2003년 6월 다음과 같은 상표등록을 신청하여 2004년 9월 상표를 등록함으로써, 특허권과 더불어 디자인권과 상표권을 확보하여 지식재산 포트폴리오의 구성을 완료하게 된다.

Essboard
에스보드

에스보드 제품의 상표권
출처: 상표등록 제40-059397호

    일련의 특허권, 디자인권, 상표권 확보와 제품 출시를 마치고 에스보드는 도약의 발판을 마련했다. 에스보드는 2004년 국제 발명전(2004 INPEX)에서 그랑프리 대상을 받았다. 계약하자는 바이어가 쇄도하였지만 강신기 사장은 미국 대중 용품 전문 회사인 CPG와 협상을 진행했다. 강신기 사장은 유리한 협상 결과를 이끌어 내고, CPG와 국제 협약을 통하여 북미 및 유럽 시장에서 제조 및 판매에 대한 로열티를 받았다. 강신기 사장은 당시의 예상으로 로열티 120억 원 이상은 벌 수 있다고 확신했다. 한국의 발명품이 해외 로열티까지 받는 사례는 매우 이례적인 일이다. 혁신적인 발명품이 대한민국을 빛내는 순간이었다.

핵 심 포 인 트

- 특허는 재산권으로서 발명이 완성된 후 언제든지 양도할 수 있다.
- 발명자는 발명이나 특허를 양도하여 대가를 받을 수 있고, 양수인은 사업에

활용할 수 있다.

- 특허는 기술을 보호하고 투자를 활성화하여 사업에 성공할 수 있는 환경을 제공한다.

- 지식재산권은 금융권에 담보로 제공될 수 있으며, 사업 자금을 확보하는 자산이 된다.

- 특허권과 더불어, 디자인권과 상표권을 확보하여 사업을 다각도로 보호할 수 있다.

02
MP3 플레이어는
대한민국의 발명품이다

국내 벤처기업이 세계 최초로 MP3 플레이어를 개발했고, 이 과정에서 MP3 플레이어 핵심 특허가 탄생되었다. 하지만 국내 특허는 우리 기업 간의 분쟁으로 소멸되었고, 미국, 유럽, 중국 등에 등록된 해외 특허는 미국 특허 괴물(NPE)에 인수되어 오히려 우리 기업들이 특허 로열티를 지불하고 있는 실정이라고 국가지식재산위원회는 발표하였다.

세계 최초로 MP3 플레이어를 출시하다

한국 벤처기업이 세계 최초로 MP3 플레이어를 개발했다니, 뿌듯한 일이 아닐 수 없다. 현재 스마트폰이 세상을 바꾼 제품이듯, 당시의 MP3 플레이어도 혁신적인 제품이었다. 1996년, 황정하

사장은 다니던 직장을 그만둔 후 디지털캐스트라는 회사를 설립하고, 1997년 초 세계 최초로 MP3 플레이어 시제품을 완성하였다. 이후 디지털 캐스트는 양산 제품 개발과 마케팅을 위하여 '새한정보시스템'을 파트너로 맞이하여 1997년 말, 'MP맨'을 개발하기에 이르렀다. 그러나 두 회사의 전략적 제휴는 지속되지 못하였고, 2000년 1월 새한정보시스템으로부터 분사한 '엠피맨닷컴'이 설립되었다.

MP3 플레이어가 시장에 나오자마자 소비자의 반응은 뜨거웠고, MP3 플레이어 업체는 우후죽순 생겨나 경쟁은 치열해졌다. 일반적으로 혁신적인 제품이 탄생한 후 후발 주자가 나타나면 특허 분쟁이 발생한다. 선발 주자와 후발 주자는 힘겨루기를 하게 되고, 선발 주자는 후발 주자를 배제하기 위한 수단으로 특허권을 주장하게 된다. 다행히도 엠피맨닷컴은 MP3 플레이어를 최초로 개발하는 과정에서 탄생한 핵심 특허를 가지고 있었다. 1997년 신청한 '엠피이지 방식을 이용한 휴대용 음향 재생 장치 및 방법(한국 등록특허 제10-0287366호)'이다. 이 특허는 미국, 유럽, 중국에 신청되어 등록되었다. 그 외에도 한국에는 다른 특허가 2건이나 더 등록되어 있었다.

한국 등록특허 제10-0287366호는 경쟁 회사의 입장에서 피할 수 없는 특허였다. 다음 그림처럼, MPEG 방식의 음원 데이터의 저장과 복원 재생에 대한 동작을 제어하는 제어부를 중심으로 전원 공급부, 전원 처리부, 정보 선택부, 정보 표시부, 자료 저장부, 음향 재생부, 송수신부를 포함하는 휴대용 음향 재생 장치를 특허로 등록했기 때문이다. 이 특허는 제품에 필수적으로 사용되는 구성 요소만을 포함하는 강력한 특허였다.

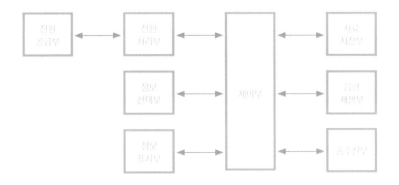

엠피맨닷컴 특허의 요지
출처: 한국 등록특허 제10-0287366호

엠피맨닷컴은 특허권을 이용하여 시장을 독점했을까?

경쟁 회사들이 우후죽순 생겨나자, 엠피맨닷컴은 특허권을 행사했다. 이에 대응하여 엠피맨닷컴을 견제하기 위해 경쟁 회사들은 연합하여 특허 무효 심판을 제기했다. 무효 심판을 청구한 기업만 10개에 이른다. 선발 주자의 특허를 회피할 수 없는 후발 주자 입장에서 무효 심판 청구는 일반적인 대응책이다. 경쟁 회사의 입장에서 생각해 보자. 한국 특허등록 3건에 대하여 무효가될 수 있다는 '확신'이 있었는지는 중요하지 않다. 특허 3건 정도는 무효가 될 수 있는 '가능성'이 조금이라도 남아 있다면 선택의 여지는 없다. 특허를 회피할 수 없는 입장에서 특허 무효 심판의 청구는 어쩌면 필연적인 선택이다.

경쟁 회사는 전략적으로 무효 심판을 청구하여 엠피맨닷컴을 괴롭히는 것만으로도 충분했으며, 엠피맨닷컴과의 분쟁을 통해 시간을 끌면서 제품 경쟁력을 다져 갈 수도 있다. 경쟁 회사는 기술이 아닌 디자인과 마케팅에 초점을 맞추어 소비자에게 다가갔다. 엠피맨닷컴은 특허를 정정하는 과정을 거쳐 권리 범위를 좁힘으로써 무효 심판에서 승소했지만, 특허 분쟁에서 많은 힘이 빠질 수밖에 없었다. 무효 심판에 승소했을 뿐 특허권을 제대로 행사하지도 못한 채, 엠피맨닷컴은 후발 주자에 의하여 시장에서 밀려나게 되었다.

엠피맨닷컴은 기술력은 뛰어났으나 세상의 약자인 벤처기업일 뿐이었다. 오로지 몇 건의 특허로 자신의 기술을 지키려고 했고, 경쟁 회사가 거세게 반발하는 것은 당연하다. MP3 플레이어의 이익 단체인 케이팩(KPAC)이 반발한 것이 이를 반증한다. 이러한 현상을 예상하지 못한 전략의 부재가 뼈 아플 뿐이다.

특허를 선점하면 과연 시장을 독점할 수 있을까? 특허권을 가지고 있다고 하더라도 어떻게 협력하고 시장을 지배해 나갈지 고민해야 한다. 시장을 독점할 수 있다는 생각은 욕심에 불과하기 때문이다. 특허 1건으로 시장을 독점하려는 회사를 가끔 마주치게 된다. 그때마다 특허가 무효로 되면 어쩔 것인지 반문해 보고 싶다. 그리고 경쟁 회사가 다수라면 오히려 그중 일부 회사와 협력하라고 조언한다. 특허 라이선스 계약을 맺고 로열티를 받으면 되기 때문이다. 로열티는 경쟁 회사의 제조 단가에 포함되므로, 특허권자에게 불리할 것이 없다. 더 큰 효과는 자신의 아군들이 만들어진다는 점이다. 연합 전선이 형성되면 시장에서 '왕따'가 되지 않을 뿐만 아니라 적군들에게 충분히 자신의 목소리를 낼 수 있다. 약자가 특허를 갖고 있더라도, 특허에 힘이 실리고 거센 반발도 잠재울 수 있다.

다른 한편으로 핵심 기술에 대한 특허를 갖고 있더라도 꾸준히 파생 기술을 개발하여 특허를 확보해야 한다. 핵심 기술 특허를 뒷받침하는 파생 기술 특허가 있다면 쉽게 특허를 무효로 하려고 하지 못한다. 보통 이렇게 파생 기술 특허를 확보해 두는 것을 '특허 포트폴리오(patent portfolio)'라고 부른다. 소수의 특허로 시장을 방어하기는 어렵기 때문에 다수의 특허가 서로 시너지 효과를 발휘하여 강력한 무기가 되도록 만들어야 한다. 특허뿐만 아니라 디자인, 브랜드 등 다양한 지식재산 포트폴리오를 만드는 것도 필요하다. 하나의 무기와 전략보다는 다수의 무기와 예상하기 어려운 다양한 전략이 더욱 강력하기 때문이다. 제품을 겹겹이 보호하는 특허 포트폴리오를 만들고, 시장 변화에 따라 지식재산을 효율적으로 활용해야 한다. 결론적으로 말하면 지식재산 포트폴리오의 관리는 회사의 수익과 직결될 수 있다.

엠피맨닷컴은 특허 분쟁에서도 어려움을 겪고, 시장에서도 밀리면서 경영이 악화되었다. 결국, 2004년 경쟁 회사인 레인콤에 인수되었다. 레인콤은 삼각형 기둥 모양의 '아이리버 프리즘'을 선보인 회사다. 사람들은 아이팟(iPod)의 성공 신화로 인하여 점점 엠피맨닷컴 그리고 아이리버 등을 잊어 가고 있다.

엠피맨닷컴의 특허, 한국 기업에게 부메랑으로 되돌아오다

엠피맨닷컴은 경영 악화로 2003년 법정관리를 받다가 2004년 레인콤에 인수되었는데, 이때 엠피맨닷컴의 특허(US 7,065,417)도 함께 레인콤에 양도되었다. 한국 기업인 레인콤에 특허가 양도될 때 어느 누구도 걱정을 하지 않았다. 하지만 이후 이 특허는 2006년 시그마텔(SigmaTel)에 이전되고, 곧바로 비제조업체 (NPE: Non Practicing Entities)인 텍사스 MP3 테크놀로지(Texas MP3 Technologies)에 이전되었다. 이 특허를 보유한 텍사스 MP3 테크놀로지는 2007년 삼성전자, 애플, 샌디스크를 상대로 특허권을 침해했다는 이유로 제소하기에 이르렀다. 한국 기업의 특허가 외국에 매각된 후 부메랑으로 되돌아온 셈이다.

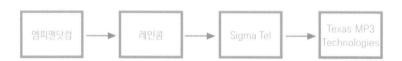

엠피맨닷컴의 특허 양도 과정

이러한 일련의 과정을 살펴볼 때 많은 아쉬움이 남는다. 레인콤이 MP3 플레이어 핵심 특허를 가지고 있었다면 어떻게 되었을까? 특허로 얻을 수 있는 이익은 엄청났을 것이다. MP3 플레이어 뿐만 아니라, 휴대폰 및 각종 전자 제품에 이 기술이 적용되었기 때문이다. 이와 관련하여 국가지 식재산위원회의 분석 자료를 보면, 2005년부터 2010년까지 MP3 기술 적용 기기의 세계 주요국(한국, 미국, 중국, 일본, EU 등) 판매량이 최소 13억대 이상이었으며, 대당 로열티를 2달러로 계산할 경우, 해당 기간 동안 약 27억 달러(약 3조 1,500억 원)의 로열티 수익을 확보할 수 있었던 것으로 파악되었다.

핵 심 포 인 트

- 제품이 인기를 끌면 치열한 경쟁 속에서 필연적으로 특허 분쟁이 발생한다.
- 특허권이 시장에 대한 독점을 보장하지 않으므로 시장을 지배할 수 있는 협력과 견제 전략이 필요하다.
- 핵심 기술에 대한 특허를 등록했더라도 후속 특허를 꾸준히 확보하여 특허 포트폴리오를 만들어야 한다.
- 사업을 양도할 때 특허의 양도에 대해 신중을 기하고, 특허를 소유하고 활용할 수 있는 방안을 사업 양도와 별개로 검토해야 한다.

03
대한민국의 혁신 역량에
프리미엄을 더하자

대한민국은 에스보드, MP3 플레이어 등 혁신적인 제품을 선보였다. 우리의 혁신 역량은 충분하지만 혁신의 선순환이 일어나지 않고 있다. 오히려 선진국의 기술에 종속되는 현실이 더 심각하다. 우리의 혁신 역량에 프리미엄을 더하는 생태계와 특허를 중시하는 분위기를 조성해야 한다.

특허 제도는 혁신 시스템을 구축하는 결정적 요소다

특허가 중요한 것이 아니라 혁신 시스템이 중요하다. 특허 그 자체는 큰 의미가 없다. 혁신이 이루어진 후 비로소 특허는 강력한 힘을 발휘할 수 있기 때문이다. 즉, 혁신적인 기술이나 제품은 모방이 뒤따르게 되는데, 이러한 혁신을 지켜 내기 위해 특허는 필수적이다. 이것이 특허 제도가 존재하는 이유다. 청년 발명가로부터 특허를 양도받아 강신기 사장이 사업화를 진행한 과정을 상기해 보자. 강신기 사장이 에스보드라는 혁신 제품을 탄생시키는 일련의 과정을 다음 그림처럼 도식화해 볼 수 있다.

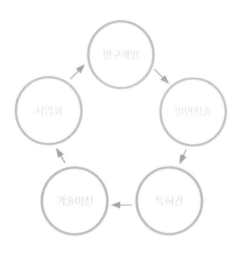

혁신 시스템의 선순환 구조

혁신 시스템은 연구 개발에서 나온 발명을 특허 등록 후 기술 이전을 통하여 사업하는 과정을 포함한다. 물론 기술의 이전 없이 직접 발명가나 특허권자가 사업을 진행할 수도 있다. 사업을 통하여 얻은 수익은 연구 개발에 다시 투입되어 기술 선도의 밑거름이 된다. 결국 혁신 시스템의 선순환 구조는 기술 주도권을 유지하면서 지속적으로 성장시키는 역할을 한다.

대한민국의 혁신 역량은 충분하다. 에스보드와 MP3 플레이어가 대표적인 예라고 할 수 있다. 우리의 혁신 역량에 특허가 적절히 결합된다면 혁신 시스템은 선순환 구조를 통하여 한국 경제를 성장시키는 원동력을 제공하게 될 것이다. 따라서 대한민국의 혁신 역량에 프리미엄을 더하기 위해 특허의 중요성을 모두가 인식해야 한다.

혁신 시스템, 즉 특허를 권장하여 경제 발전을 이루려는 시도는 미국에서 먼저 시작되었다. 1980년 공화당 상원의원인 로버트 돌이 민주당 상원의원인 버치 바이와 함께 특허법 개정안, 소위 '바이-돌 법'을 제안했다. 바이-돌 법에 따르면 대학이 정부 자금을 받았더라도 기업에게 기술을 이전하는 것이 가능해진다. 대학에서 연구 개발을 통하여 발명을 창출한 후에 기술 이전을 염두에 두고 특허를 진행한다. 이후 특허권의 양수나 라이선싱(허가)을 통하여 기업은 안심하고 사업에 몰두할 수 있으며, 또한 대학도 기술 이전을 통하여 수익을 얻게 된다. 대학은 이러한 수익을 바탕으로 다음 단계의 연구 개발을 진행할 수 있는 자금을 확보할 수 있다. 이러한 일련의 과정은 앞서 살펴본 혁신 시스템을 그대로 보여 준다. 연구자, 대학, 기업에게 이익이 되는 대학 기술이전조직(Technology Licensing Organization, TLO)은 이미 일본, 한국 등에 확산된 상태이다.

그렇다면 까다롭고 애매한 혁신이라는 개념은 어떻게 정의할 수 있을까? 혁신 제품은 단순히 발명하는 것만으로는 너무나 부족하다. 혁신 제품은 수요자의 욕구에 부응할 때 탄생한다. 〈Innovate America〉라는 보고서에서 혁신은 어떤 지점에서 일어나는지 잘 보여 주고 있다. 단순히 공급(supply)만으로 혁신은 이루어지지 않으며, 수요(demand)가 공급의 접점에 있을 때 가능하다. 수요과 공급의 접점은 소비자가 기술의 우수성, 편리함, 만족감에 호응할 때 만들어진다. 공급자인 기업이 아무리 좋은 제품이나 서비스를 공급해도 소비자가 외면한다면 아무 소용이 없다. 『지구를 흔든 남자』에서 에스보드 첫 제품이 나오자 강신기 사장이 가족에게 달려가는 장면이 나오는데, 누가 가르쳐 주지도 않았음에도 큰아들이 즐겁게 에스보드를 곧잘 타는 모습을 보며 강신기 사장은 사업에 확신을 가졌다고 한다. 제품이 소비자에게 호감을 얻었으니 혁신이 완성된 셈이다. 강신기 사장이 일관되게 소비자의 입장에서 즐거움, 디자인 등을 추구한 결과이다. 즉, 공급자 입장의 연구 개발과 사업을 넘어 소비자를 바라본 끊임없는 연구 개발과 사업이 바로 혁신이다.

따라서 혁신은 소비자의 욕구에 귀결되므로 혁신의 본질은 사업성과 밀접한 관련이 있다. 특허도 사업과 연결되지 않으면 의미가 없다. 따라서 혁신적인 아이디어가 사업으로 결실을 맺는 순간, 혁신과 특허는 불가분의 관계가 된다. 아이디어 단계부터 사업에 이르기까지 특허 제도는 혁신 시스템을 뒷받침해 준다. 또한 혁신 제품이 나오기까지 들인 비용과 노력에 대해 특허는 보호막을 제공한다. 만일 혁신 제품에 대한 발명을 특허로 등록하지 않으면 그 제품은 세상에 나오자마자 모조품과 저가 공세에 휘말리게 된다.

특허는 또 다른 발명을 낳게 하는 단서를 제공한다

특허를 통하여 혁신 제품이 시장에 출현하면 경쟁을 촉진시킨다. 그 예로 강신기 사장의 성공 신화를 들 수 있다. 에스보드는 스케이트보드 분야에 인기몰이로 이어져 강신기 사장뿐만 아니라 경쟁 회사들도 유사한 제품을 수없이 쏟아냈다. 이에 따라 경쟁 회사들은 자연스럽게 파생 기술들을 발명하고 특허를 신청하기에 이르렀다. 혁신 제품을 모방하고 개량하는 과정이 지속되면 개량을 넘어서 새로운 혁신 제품을 만들어 내는 결과를 초래할 수도 있다. 에스보드와 관련하여 2002년 1건의 특허 신청이 나타난 이후 2003년 3건, 2004년 14건, 2005년 24건, 2006년 49건으로 특허 신청 건수가 기하급수적으로 증가하였다. 2007년 특허청은 2002년부터 2006년까지 관련 분야 전체 특허 신청 91건 중 77건(85%)이 에스보드 제품과 직접 관련되어 있다고 발표했다. 특허의 순기능으로써, 혁신의 결과물인 새로운 제품은 개선된 발명과 새로운 시장을 형성하는 데 기여한다. 특허 신청 건수의 기하급수적인 증가는 혁신 제품이 소비자에게 폭발적인 호응을 얻었다는 사실을 반증하는 결과다.

결과적으로 특허는 또 다른 발명을 낳는다. 각자의 입장에서 보면 자신의 특허가 또 다른 발명을 낳게 되어 다소 불만족스럽다. 여러 개의 특허가 기업마다 분산되고, 특허권이 독점권이라는 등식이 성립하지 않게 되기 때문이다. 하지만 사회 전체에 이로운 것은 분명하다. 마이클 골린(Micheal A. Gollin) 교수가 이노베이션 숲(Innovation forest)이라는 이미지로 혁신의 사이클을 설명했듯이, 하나의 아이디어가 씨앗이 되어 단지 하나의 특허로 성장한다고 단정 지으면 안 된다. 즉, 어떤 아이디어가 하나의 특허로 성장하면 그 특허는 또 다른 발명을 만들어 낸다. 결국 다양한 성장 단계의 특허들이 모이게 되고 디자인, 브랜드까지 성장하면서 울창한 이노베이션 숲을 이루게 된다. 결국 혁신 역량이 혁신 시스템을 통하여 울창한 특허 숲을 조성하고, 이 숲에서 다른 발명의 씨앗이 싹을 틔울 수 있는 비옥한 환경을 만들어 낸다. 이러한 혁신 시스템과 울창한 특허 숲은 자원이 부족한 대한민국에는 경제의 활력임이 분명하다.

특허를 중시하지 않으면 우리의 미래는 없다

앞서 설명한 엠피맨닷컴의 경우, 엠피맨닷컴의 특허권 행사에 대해 경쟁 업체가 반발하자 정부가 개입했다. 경쟁 업체들은 정부 담당자와 만나 엠피맨닷컴에 한 대당 특허 로열티 25센트를 지불하기로 합의했다. 하지만 실제로 로열티를 지불한 회사는 엠피아이오와 현원, 거원뿐이었으며, 나머지 회사들은 로열티를 지불하지 않았다. 엠피맨닷컴은 특허권을 통해 시장을 지켜 내지도 못했고, 특허 로열티도 제대로 받지 못한 상황에 처하게 되었다. 특허권을 통해 제품을 보호받지 못하는 환경은 벤처기업이나 중소기업이 성장하는 데 큰 걸림돌이 된다.

왜 이런 현상이 일어나는 것일까? 많은 사람들이 한국의 기업 문화 또는 사회적인 분위기 때문이라고 한다. 특허를 침해하여도 큰 문제가 되지 않는다는 인식이 만연해 있는 탓이다. 이런 인식을 갖게 된 원인을 세 가지로 정리할 수 있다. 첫 번째 이유는 특허의 무효 심판에 대한 무효 비중이 너무 높기 때문이다. 등록 완료된 특허에 대해 무효 심판을 제기하면 50% 이상이 무효가 된다. 따라서 특허 등록에 대한 신뢰도가 떨어질 수밖에 없다. 두 번째 이유는 특허 침해에 따른 손해배상액이 너무 낮은 데서 찾을 수 있다. 1억도 되지 않는 손해배상액은 특허를 경시하는 풍조를 만들었다. 마지막 세 번째는 특허 분쟁이 민사법원과 특허법원에서 이원적으로 관할됨으로써 소송이 몇 년간 지속된다는 점이다. 이를 개선하기 위해 우리나라에 징벌적 손해배상 제도가 도입되었고, 신속한 특허 분쟁의 해결을 위해 특허 소송에 대한 관할을 특허법원으로 집중하였다.

특허권을 경시하는 문화는 한국 기업들이 글로벌 시장에서 경쟁할 때 많은 문제를 일으킨다. 한국의 기업 환경에 익숙한 탓인지 몰라도 기업들이 특허권을 확보하지 않은 채 무작정 해외 시장에 제품을 출시했다가 특허 장벽에 막히는 경우가 종종 발생했다. 한국의 이러한 분위기를 바꾸기 위한 시도는 2011년에 본격화되었다. 지식재산기본법이 시행되었고, 이에 근거하여 대통령 소속 '국가지식재산위원회'가 운영되고 있다. 국가지식재산위원회는 국무총리를 공동위원장으로 두고 지식재산 분야의 컨트롤 타워 역할을 수행한다. 미국이나 일본보다 늦게 발족되었지만 우리나라의 지식재산 생태계를 개선해 나가고 있다.

특허를 중시하지 않으면 혁신적인 제품으로 경제 성장을 도모할 수 없다. MP3 플레이어뿐만 아니라 싸이월드, 와이브로, 모바일 결제 등은 세계 최초로 한국이 상용화하였다. 하지만 한국 기업이 시장 주도권을 잡지 못하고 외국 기업에 내주고 있다. 이러한 현상이 지속되면 한국은 결국 선진국의 기술 노예로 전락되고 말 것이다. 한국 기업이 제조 라인을 고생해서 만들고 제품을 판매하더라도 매출의 상당액이 로열티로 지불되어 선진국 기업들의 배만 불리는 꼴이 된다. 선진국의 기업은 선진 기술에 대한 특허권을 소유하고 있다는 이유로 가만히 앉아서 돈을 벌고 있다. 선진국의 기업은 이 돈으로 또 새롭게 선진 기술을 개발한다. 같은 방식으로 앞선 기술을 이용하여 또다시 특허 로열티를 받는다. 결국 선진국에서 혁신 시스템의 선순환이 일어나는 반면, 한국은 악순환이 지속된다. 우리는 현재의 악순환을 전환할 수 있는 계기가 필요하다. 미국, 일본 등 선진국은 기술 경쟁력이 앞서 있고, 중국은 우리를 바짝 뒤쫓고 있다. 중국을 생각하면, 과거에 한국은 미국이나 일본보다 제조 경쟁력이 강하여 승승장구하였던 상황을 연상케 한다. 한국이 제조 경쟁력에서 일본을 넘어선 것처럼 중국도 한국을 추월할 것이다. 한국이 선진국과 중국 사이의 샌드위치 신세에서 벗어나려면 특허를 이해하고 혁신 시스템의 선순환 구조를 만들어야만 한다. 혁신 시스템이 작동되면 얼마든지 한국이 기술 주도권을 가질 수 있다.

이를 위해서는 첫째, 원천 기술의 개발이 필요하다. 엠피맨닷컴이 취득한 특허는 MP3 플레이어의 상용화 기술에 관한 것으로, MP3 기술 자체가 아닌 MP3 '플레이어'에 관한 특허였다. MP3의 원천 특허는 독일 프라운호퍼 연구소에서 개발했으며, 프랑스의 톰슨멀티미디어가 연구비를 지원해 주었다. 연구비를 지원한 톰슨멀티미디어는 MP3 기술을 사용하는 기업으로부터 많은 특허 로열티를 받았다. 이처럼 원천 기술을 개발하면 다양한 제품을 판매하는 많은 기업들로부터 로열티를 받을 수 있다. 원천 기술 하나가 결국 국가 경제를 살린다. 아직까지 우리나라는 이러한 원천 기술이 턱없이 부족하다.

둘째, 우리는 지식재산 포트폴리오에 대한 중요성을 인식해야 한다. 엠피맨닷컴이 계속되는 기술 개발에 따라 다수의 특허를 창출하고 강력한 특허 포트폴리오를 만들었다면, 경쟁 업체는 무효 심판을 청구할 엄두도 내지 못했을 것이다. 많은 수의 특허를 무효로 만드는 일은 경쟁 업체에게도 큰 부담이며, 모두 무효가 될 가능성도 낮기 때문이다. 또한 제품이 처음 시장에 출현하면 기술도 중요하지만 점차 디자인이나 편리성이 더 중요해진다. 시장을 장악한 아이팟(iPod)이 이를 반증한다. 아이팟은 사용자의 편의성을 살린 유저 인터페이스(User Interface)와 디자인으로 무장했다. 뿐만 아니라 운영 체제 그리고 온라인 뮤직스토어 '아이튠즈'까지 갖추었다. 소비자의 입장에서 아이팟은 사용할 수밖에 없는 제품이다. 제품 트렌드에 맞게 디자인이나 편의성과 관련된 지식재산을 확보하여 강력한 포트폴리오를 만들어야 한다. 지식재산 포트폴리오는 제품이 시장에서 우위성을 확보하고 유지하는 데 큰 역할을 한다.

특허가 있다고 모든 것이 해결되지는 않는다. 그렇다고 특허를 중시하지 않으면 아무것도 할 수 없다. 특허의 창출과 활용은 요즘 시대에 필수적이다. 끊임없는 제품 개발과 이익의 창출 뒤에 특허는 보험처럼 든든한 역할을 한다. 특허는 사업의 위험 요소를 제거해 주고 기업의 이익을 극대화하는 데 이용되며, 기업이 어려울 때 자산으로 활용될 수도 있다. 이제 제품과 기술 중심에서 벗어나 특허라는 자산까지 아우르는 경영이 필요하다. 이를 위해 우리는 특허와 관련된 지식과 정보를 하나씩 살펴봐야 한다. 특허 지식과 정보가 대학생, 연구개발자, 창업자, 중간 관리자, 경영자까지 모두의 상식으로 자리매김할 때, 대한민국의 혁신 역량에 프리미엄이 더해질 것이다.

핵 심 포 인 트

- 특허 그 자체는 큰 의미가 없다. 그러나 혁신 결과에 소비자가 호응할 때, 특허는 제품이나 서비스의 모방을 막아 내는 역할을 한다.
- 혁신과 특허의 선순환 구조를 만들면 기술 주도권을 유지하여 지속적인 성장이 가능해진다.
- 혁신과 결합한 특허는 또 다른 여러 개의 특허를 탄생시키고, 여러 기업에 특허가 분산되는 결과를 낳는다.
- 특허의 중요성을 깨닫고, 제품과 기술 중심에서 벗어나 특허를 아우르는 경영이 필요하다.

제2장

혁신적인
아이디어 보호가 우선이다

01
코카콜라, 130여 년 동안
맛의 비밀을 지켜 내다

듀폰은 코오롱 인더스트리에 '아미리드' 섬유의 영업 비밀을 침해
했다며 소송을 제기했다. 또한 신일본제철은 전기강판 제조 기술
에 대한 영업 비밀 침해 금지 소송을 포스코에 제기했다. 여기서
말하는 '영업 비밀'이라는 단어는 우리에게 아직 생소하다. 하지
만 영업 비밀 침해 소송에서 1조 원의 손해배상금이 언급될 정도
로 뜨거운 논쟁거리가 되고 있다.

영업 비밀이란 무엇인가

가장 대표적인 영업 비밀은 누구나 알고 있는 코카콜라를 꼽을
수 있다. 코카콜라의 맛의 비밀은 'Merchandise 7X'라는 성분으
로 130여 년 동안 비밀로 유지되고 있다. 코카콜라의 제조법은

특허가 아닌 영업 비밀로 보호받으며 세계 최고의 브랜드로 자리 매김했다. KFC 역시 마찬가지다. KFC에 따르면 1939년 커넬 샌더스가 켄터키주의 코빈에서 11가지 비밀 양념을 완성하여 1952년 프랜차이즈를 시작한 이래, 이 11가지 비밀 양념 덕분에 전 세계 110여 개국에서 17,000개 이상의 매장을 운영하고 있다.

이렇게 오랫동안 보호받을 수 있는 영업 비밀이란 무엇일까? '부정경쟁방지 및 영업 비밀 보호에 관한 법률'에서 영업 비밀을 정의하고 있다. 영업 비밀이란 공공연히 알려지지 않은 독립된 경제적 가치를 가지는 것으로, 상당한 노력에 의하여 비밀로 유지된 기술상 또는 경영상의 정보를 말한다. 우리가 영업 비밀의 정의에서 알 수 있듯, 일반 공중에게 알려지지 않은 비밀이어야 하고(비밀성), 경제적 가치가 있으며(독립된 경제성), 상당한 노력으로 관리해야 한다(비밀 관리성).

영업 비밀의 '비밀성'은 일정 범위의 사람들만 알고 있으면서 비밀로 관리되고 유지된다면 영업 비밀로 인정받을 수 있다. 예를 들면, KFC 비밀 양념에 대해 회사 간부 몇 명만 알고 있고, 이를 비밀로 유지하면 충분하다. 비밀을 유지하기 위해서 비밀유지계약서나 비밀유지서약서를 작성하는 경우도 있다. 기술을 공동으로 개발하거나 협력 기업에 기술 정보를 제공할 때 작성한다. 영업 비밀은 '비밀'이기 때문에 분쟁이 발생하면 특정하는 것도 어렵고, 침해 입증도 쉽지 않다. 이런 어려움을 개선하고자 특허청은 '영업 비밀 원본증명서비스'를 도입하였다. 이 서비스는 영업 비밀의 보유 사실을 쉽게 증명하는 데 사용된다. 이제 우리나

라도 비밀유지계약서의 작성을 당연한 절차로 받아들이고 영업
비밀의 중요성을 제대로 인식하는 분위기가 필요하다.

영업 비밀은 상당한 노력에 의해 비밀로 관리되어야 한다. 비
밀 문서라면 비밀이라고 표시하고 고지해야 한다. 또한 기술상
정보 등에 접근할 수 있는 사람을 제한하거나 접근 방법에 대한
제한을 두어야 한다. 그런데 애매한 부분이 있다. 바로 '상당한
노력이 어느 정도 필요한가'이다. 이는 기업의 역량에 따라 달라
지는데, 중소기업은 대기업보다 노력할 수 있는 역량이나 자원이
부족하고 영업 비밀의 가치가 낮을 수 있다. 따라서 중소기업은
대기업과 동일한 정도의 노력이 요구되지는 않는다.

영업 비밀과 특허 중 무엇을 선택할 것인가?

일단 기술적인 아이디어가 완성되면 그 보호 방법을 고민해 보아
야 한다. 아이디어는 크게 두 가지 방법으로 보호된다. 영업 비밀
과 특허로 보호받을 수 있는데, 특허는 공개를 전제로 하기 때문
에 영업 비밀과 정반대되는 보호 방법이다. 특허는 기술 내용을
모두 공개하여 기업 간의 경쟁을 유도하는 제도라는 점을 고려해
야 한다. 특허만 고집하면 과도한 기술 공개로 기술 추격을 허용
하게 되어 특허를 신청한 기업에게 불이익이 따른다. 반면, 영업
비밀만 선택하면 경쟁사의 독자적인 기술 개발이나 기술 분석을
통한 모방으로 기술 경쟁력의 우위를 상실할 수 있다. 따라서 특

허와 영업 비밀이 상호 보완 되도록 지식재산 프로세스를 전략적으로 수립해야 한다. 이러한 의미에서 어떤 기업이든 특허 또는 영업 비밀의 선택이 지식재산 프로세스의 첫 번째 단계이다.

아이디어가 완성되면 먼저 영업 비밀로 보호받을 수 있을지 판단해야 한다. 만일 누군가가 자신이 가지고 있는 기술상의 정보를 알아낼 수 있다면 영업 비밀로 보호할 수 없다. 쉬운 예를 생각해 보자. 의자에 바퀴를 결합하는 새로운 기술을 개발했다고 했을 때, 이 의자에 바퀴를 결합했다는 사실은 영업 비밀로 보호할 수 없다. 제품이 시장에 나오면 누구나 알 수 있는 사실이기 때문이다. 전문적인 분석 수단을 통하여 더 어렵게 알아낼 수 있는 기술이더라도 마찬가지다. 리버스 엔지니어링(reverse engineering, 완성된 제품의 구조를 분리하여 어떻게 만들어졌는지 알아내는 방법)으로 어떻게 만들어졌는지 알 수 있다면 영업 비밀로 보호할 수 없다. 리버스 엔지니어링이 가능한 기술인지 여부에 따라 영업 비밀로 보호할 것인지, 특허로 보호할 것인지 결정된다. 영업 비밀로 보호받을 수 없는 기술이라면 특허로 보호받는 방안을 강구해야 한다.

요리 방법이나 제품의 제조 방법 등은 영업 비밀로 보호하기에 적합하다. 그러나 요리 방법이 특허로 신청되고 등록되는 경우도 있다. 예를 들어 콩나물국밥의 요리 방법을 특허로 신청한다면, 요리 노하우가 공개되는 것을 감수해야 한다. 며느리에게도 알려 주지 않은 방법이 온 세상에 공개된다는 의미다. 영업 비밀에 대한 특허 신청이나 등록이 사업 홍보에 도움이 될 수도 있지만, 자신의 기술을 보호하는 적절한 방법인지 고민해 보아야 한다.

어떤 회사가 직무발명 보상 제도를 운영하고 있다면, 특허뿐만 아니라 영업 비밀로 결정된 기술도 보상해 주는 것이 좋다. 특허를 신청하기로 결정하였다면, 특허신청 보상 또는 특허등록 보상으로 발명자에게 보상금을 지급하면 된다. 반면 특허를 신청하지 않고 영업 비밀로 보호하기로 결정했는데, 발명에 대한 보상금을 지급하지 않는다면 발명자는 불공평하다고 느끼게 된다. 이러한 경우를 대비하여 특허를 신청하지 않기로 결정하였더라도 특허신청을 한 경우와 마찬가지로 발명자에게 보상해 주는 제도가 있다. 발명진흥법에서 규정하는 '특허신청 유보보상'이라는 제도가 그것이다.

단순하게 생각하면 영업 비밀과 특허의 구별은 쉬워 보인다. 하지만 그렇게 간단치 않다. 제품의 제조 노하우를 영업 비밀로 보호하기로 결정했다고 하자. 제품을 제조하기 위해 회사의 직원 또는 협력 업체의 직원에게 제조 방법을 알려 주어야 하며, 그들과 비밀유지계약서도 작성해야 한다. 이 경우 영업 비밀이 회사의 존망을 가를 정도라면 안심할 수 있을까? 회사의 직원이 경쟁 기업으로 이직할 가능성은 없는지, 협력업체 직원이 경쟁 회사의 업무를 도울 가능성이 없는지 따져 보아야 한다. 비밀 장소에 영업 비밀을 감출 수 있는 경우라면 상관없겠지만, 많은 사람들이 보고 알 수 있는 환경이라면 과연 비밀이 유지될 것인지 검토해야 한다.

결국 영업 비밀과 특허의 구별 기준은 상황에 따라 달라질 수 있다. 따라서 영업 비밀과 특허는 어떤 기준으로 정해지거나 경계를 지을 수 있는 대상이 아니라, 경영 전략과 기업 환경에 따라 판단해야 한다. 요즘 평생직장의 개념이 약해진 상황에서, 이직은 곧 영업 비밀의 유출로 이어진다. 특히 핵심 인재는 아이디어를 창출하는 주역이다. 핵심 인재가 이직을 하면 그 기업의 아이디어가 경쟁 회사로 이동하게 된다. 기업 입장에서 핵심 인재를 붙들어 두는 것이 영업 비밀을 보호하는 방법인 동시에 회사의 경쟁력을 유지하는 방법이다. 또한 협력 업체와 함께 제품을 생산하다 보면 자연스럽게 영업 비밀이 유출될 수 있다. 어떤 측면에서는 협력 업체와의 업무를 최소화하는 것도 영업 비밀을 보호하는 방편이 된다. 영업 비밀의 관리는 인사 관리와 경영 전략이 함께 고려되어야 한다.

영업 비밀과 특허는 구별하기 어렵지만, 어느 하나를 선택한 후에는 그 실익이 분명히 드러난다. 영업 비밀은 비밀이 유지되는 한 계속 보호받을 수 있다. 코카콜라의 제조법이 130여 년 동안 계속 보호받는 것처럼 말이다. 특허는 신청일 후 20년이라는 존속 기간 동안만 권리가 유지된다. 특허와 다르게 기술과 관련이 없거나 진보성이 인정되기 어려운 기술도 영업 비밀로 보호받을 수 있다. 한편 특허는 신청하고 등록받는 절차를 반드시 거쳐야 하며, 특허 절차의 진행에 상당한 비용이 소요된다는 점도 고려되어야 한다.

다양한 전략으로 아이디어를 보호하자

아이디어가 창출되면 크게 영업 비밀, 특허 또는 공지(세상에 알리는 행위)하는 방법으로 보호할 수 있다. 영업 비밀, 특허, 공지의 방법이 별개라고 생각될 수 있지만 영업 비밀과 공지의 방법을 선택했다고 하더라도 나중에 특허로 보호할 수 있는 길이 열려 있다.

먼저, 아이디어를 영업 비밀로 보호하는 경우에 대해 알아보자. 이 경우에는 다른 회사가 정당한 방법으로 그 기술을 개발하여 특허권을 획득할 수 있다. 이때 대처하는 방법이 있는데, 이른

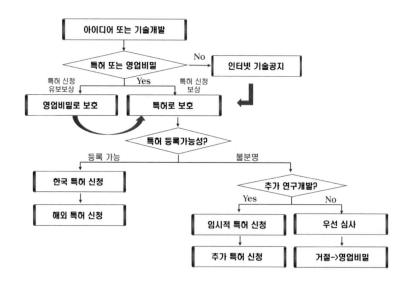

아이디어 보호 방법

바 선 사용권(무상의 통상실시권)이라 한다. 다른 사람보다 먼저 발명하여 사용한 경우에 다른 사람이 이후에 특허권을 행사해도 대항할 수 있는 제도다. 단, 영업 비밀로 기술을 보호하려는 입장에서는 그 기술을 사용하고 있거나 사용 준비 중이었다는 기록이나 증거를 남겨야 한다.

영업 비밀과 특허는 명확히 구별되지 않는 경우도 있다. 영업 비밀과 특허의 구별 기준은 상황에 따라 달라질 수 있기 때문이다. 완벽하게 통제가 가능하다는 판단에서 영업 비밀로 먼저 관리한 경우, 상황이 바뀌면 이를 특허로 신청할 수도 있다. 예를 들어, 한국 기업이 외국에 공장을 신설할 때 영업 비밀로 보호받을 수 있는지 의심스러운 경우, 영업 비밀을 특허로 신청할 수 있다. 즉, 단순히 영업 비밀과 특허로 구별하지 말고, 상황의 추이에 맞게 탄력적으로 운영해야 한다.

특허라는 권리를 갖고 있으면서 공개하고 싶지 않은 욕심은 누구나 가질 수 있다. 논리적으로 맞지 않지만 대다수가 갖는 당연한 심리다. 만약 특허 신청 후 1년 6개월 동안만 영업 비밀로 유지할 필요성이 있다면 문제없다. 특허 명세서는 1년 6개월 후에 공개되기 때문에 1년 6개월 동안 영업 비밀로 취급된다. 이런 의미에서 경쟁 기업의 기술 추격 속도가 빠른 분야에서는 특허를 이용하는 것이 훨씬 낫다. 예를 들어, 경쟁 기업이 1년 내에 해당 기술을 개발할 가능성이 높은 경우에는 영업 비밀로 보호하는 것은 의미가 없다. 특허를 신청해도 경쟁 기업의 기술 개발 기간 내에 비밀이 보장되는 것은 동일하기 때문이다. 만일 특허 신청 후

몇 년 동안 경쟁 기업에 알리고 싶지 않을 때는 미국에만 특허를 신청하면 된다. 미국은 특허 신청에 대한 공개 제도를 운영하지만, 미국에만 특허를 신청하는 경우에는 특허 명세서를 공개하지 않아도 되는 규정이 있기 때문이다. 하지만 미국에만 특허를 신청하기 때문에 다른 국가에서 특허권을 취득하지 못하는 단점도 있다. 또한 이 경우에도 미국에서 특허 심사가 완료된 후 등록된 특허의 내용이 공고되는 것은 어쩔 수 없다.

제조 방법을 영업 비밀로 보호하지 않고, 특허로 보호해야 할 경우에 대해 알아보자. 제품의 제조 방법은 제품에 명확한 결과로 나타나지 않는다. 이 경우, 제조 방법을 특허 명세서에 그대로 기술하는 것만으로 충분하지 않다. 왜냐하면 제조 방법을 특허로 보호받고 있다고 하더라도 경쟁 기업이 그 제조 방법을 사용하는지 안 하는지를 알아내기 어렵기 때문이다. 그래서 이런 경우에는 특허로 신청할 때 제조 방법에 의하여 최종 제품에 나타나는 '사용 증거'를 특허의 권리로 청구해야 한다. 그러나 이러한 특허 침해에 대한 증거를 미리 파악하고 확정하는 일은 어려운 경우가 많다.

다른 회사와 협력하는 경우도 마찬가지다. 비밀유지계약서 등을 작성하더라도 상대방이 먼저 특허 신청을 하는 반칙을 쓸 수 있기 때문에 불안하다. 이렇게 불안할 경우에는 기술 협력을 하기 전에 특허 신청일을 확보하는 방법을 권장한다. 연구 개발이 완료되지 않은 상태이지만, 현재까지 개발된 기술 내용으로 임시적으로 특허 신청을 진행하는 방법을 활용하자.

앞서 설명한 영업 비밀과 특허로 아이디어를 보호하는 것과 달리, 발명에 성공했지만 굳이 시간과 비용을 들여 특허 신청을 하고 싶지 않은 경우도 있다. 확신할 수는 없지만 발명의 기술 내용으로 볼 때 특허받을 가치도 별로 없어 보이며, 앞으로 이 기술이 사용될 것이라고 예상되지 않기 때문이다. 하지만 다른 회사에서 이 발명에 대해 특허를 등록시킬까 봐 걱정되는 경우가 있다. 혹시 있을지 모를 일에 분명한 판단을 내릴 수 없을 때가 종종 있다. 한마디로, 내가 가지기는 싫고 단지 남이 가질까 봐 걱정되는 경우다. 이러한 경우에는 발명을 세상에 알리면 된다. 발명이 '공지'되면 더 이상 새롭지 않은 기술로 취급되어 경쟁 기업은 이 발명에 대해 특허를 받을 수 없다. 문제는 발명을 세상에 알렸다는 사실을 증거로 확실히 남기는 일이다. 이를 쉽게 입증하기 위해 특허청은 '인터넷 기술공지(Cyber Bulletin)' 사이트를 운영하고 있다. 세상에 알릴 발명 내용을 인터넷에 올려 두면 그 기록이 남게 된다. 그런데 만약 이 회사가 공지한 발명을 특허로 신청하고 싶다면 어떻게 해야 할까? 이때는 당황하지 말고 '공지예외적용'을 주장하여 1년 내에 특허를 신청하면 된다. 즉, 공지예외적용을 주장하여 공지에 의하여 권리를 포기한 기술을 특허로 다시 보호받을 수 있다.

기술 개발 내용이 특허성이 없는데 이를 특허로 신청하면 권리를 받지 못하고 공개만 되므로 기술 내용을 세상에 기부하는 꼴이 된다. 따라서 특허 등록 가능성을 먼저 판단해야 한다. 특허 등록이 가능하다고 판단되면 한국 특허를 신청하고 절차에 따라 해외 특허를 진행한다. 하지만 특허 등록 가능성이 불분명하다면, 먼저 기술 내용을 보완할 수 있는 추가적인 연구 개발이 가능한지 따져야 한다. 만일 추가적인 연구 개발이 예정되어 있다면 임시적으로 특허를 신청하고, 추후 추가된 연구 내용을 보강하여 특허를 다시 신청하면 된다. 반면 추가적인 연구 개발이 가능하지 않다면 신속하게 특허 등록 가능 여부를 판단받기 위하여 우선 심사를 신청할 수 있다. 특허 신청에 대한 심사 결과가 신청일로부터 1년 6개월 내에 '거절'로 확정되면 특허 명세서가 공개되지 않으니 영업 비밀로 관리할 수 있다.

핵 심 포 인 트

- 특허는 공개가 전제되므로 영업 비밀과 정반대되는 보호 방법이다.
- 특허만 고집하면 과도한 기술 공개가 문제되고, 영업 비밀만 선택하면 기술 경쟁력 우위를 상실할 수 있으므로 특허와 영업 비밀이 상호 보완되도록 전략을 수립해야 한다.
- 리버스 엔지니어링으로 알 수 있는 기술은 특허로 보호받아야 한다.
- 영업 비밀과 특허의 구별 기준은 상황에 따라 달라지므로 경영 전략과 기업 환경에 따라 판단해야 한다.
- 아이디어를 보호하는 방법은 특허, 영업 비밀, 기술 공지로 구분할 수 있지만, 상황에 따라 아이디어 보호 방법을 전환할 수 있다.
- 아이디어 보호 방법으로 특허를 선택하면 특허 등록에 대한 가능성을 미리 판단하여 특허를 받지 못하고 기술이 공개만 되는 상황을 피해야 한다.

02
아이홈(iHome) 특허가 공개되자,
사물인터넷 시장이 요동치다

집에 도착하면 전등이 켜지면서 냉·난방 시설, 전자 제품이 가동된다. 소파에 앉아 명령을 내리면 음악이 저절로 흘러나온다. 영화에서나 볼 수 있었던 장면이 사물인터넷으로 인하여 현실에서도 가능한 날이 다가오고 있다. 스마트폰 이후 시대를 바꿀 사물인터넷(Internet of Things, IoT) 기술이 급부상하면서 애플의 아이홈 특허가 공개되자, 사물인터넷 시장이 요동쳤다.

애플 아이홈(iHome) 특허, 경쟁 회사의 시선을 사로잡다

애플은 스마트 홈과 관련된 특허를 등록받았다. 이 특허번호는 'US 8,577,392'이다. 이 미국 특허는 사용자의 위치를 중심으로 아이폰(iPhone)을 이용하여 사물들 간에 통신한다는 내용이다. 애플 아이홈 특허가 세상에 공개되자 경쟁 회사의 움직임은 바빠졌고, 각종 언론에서 많은 분석들이 쏟아졌다. 요즘은 주요 기업의 연구 개발 내용이 특허 또는 디자인 문서에 의해서 파악되고 언론에 보도되기도 한다.

특허를 신청하면 그 기술 내용이 공개된다. 즉, 혁신적인 아이디어를 보호하기 위해 특허를 신청하면 공개가 뒤따른다. 특허의 공개는 세상에 기술 정보를 제공하고, 이를 기반으로 기술 개발 경쟁을 부추긴다. 이는 특허 제도가 가지는 태생적인 목적이다.

우리가 이 당시 애플의 경쟁 회사에서 근무하고 있다고 상상하고 그 장면을 떠올려 보자. 애플의 아이홈 특허는 우리에게 끔찍한 존재다. 애플의 특허가 공개된 후 회의실로 모여드는 사람들의 표정이 어둡다. 회의실에는 사물인터넷 연구 개발 담당자, 특허 부서 담당자가 참석하고, 회의실의 수장은 이 특허의 내용을 보고받고 그야말로 좌불안석이다. 먼저, 회의실 참석자는 사물인터넷에 관한 특허 신청이 애플에 의해 선점되었다는 점에 실망하며, 회의실의 수장은 참석자들에게 도대체 어떻게 대응할 것이냐며 따져 묻는 가운데, 다양한 의견이 오고 가면서 많은 과제들이 쏟아진다.

먼저 애플과 연구 개발 방향이 다르다면 우리의 개발 방향은 적절한 것인지 점검이 필요하다. 애플 특허의 내용대로 실현 가능한지 점검할 필요도 있다. 만일 실현 가능한 특허라면 어떤 장점이 있는지, 즉 사용자에게 편리성을 제공하는지 등을 따져 보아야 한다. 공개된 특허의 내용을 근거로 경쟁 회사의 개발 방향을 파악해야 하는 상황이 전개된다. 이와 반대로 애플의 개발 방향과 동일하다면, 우리의 특허 신청이 늦었기 때문에 당장 해결해야 할 문제가 생긴다. 우리는 이 특허에 어떻게 대응할 것이며, 앞으로 무엇을 특허로 신청할 것인지 고민해야 한다. 어떠한 경우든 애플의 아이홈 특허가 공개되었다는 이유로 힘든 시간을 보내게 될 것은 분명하다.

발명 공개의 대가로 특허권을 부여하다

사람들은 특허의 내용을 남들에게 알리지 않고, 발명에 대한 권리를 소유하고 싶은 욕심을 갖는다. "아무도 모르게 특허를 진행할 수 있을까요?" 처음에 이런 질문을 받았을 때 많이 당황했던 기억이 난다. 특허는 무엇일까? 특허라고 하면 '독점권'이라는 단어가 먼저 떠오른다. 사람들은 자신의 발명에 대해 독점권을 갖는 것에만 관심이 있을 뿐이다. 하지만 세상은 누군가 한 사람이 모든 걸 독차지하는 것을 싫어한다. 오히려 어떤 기술을 함께 공유하며 발전하기를 원한다. 따라서 특허 신청인의 이익과 공공의 이익을 모두 고려해야 한다. 사익과 공익의 균형을 맞추기 위하여 발명에 대해 적절한 보상을 해 주면서도 모두가 기술을 공유할 수 있는 방법이 필요했기 때문에 특허 신청한 발명을 공개해야 한다는 원칙이 만들어졌다. 즉, 특허 신청한 발명을 공개하는 대가로 특허라는 권리를 부여한다. 이것을 '출원공개' 제도라고 부른다. 다른 면에서 보면, '출원공개' 제도는 사회 전체적으로 볼 때 필요한 낭비 요소라 할 수 있는 중복된 연구 개발을 방지하는 기능을 갖는다. 특허 신청으로 공개된 기술 내용을 다른 사람이 볼 수 있게 함으로써, 그 발명과 동일한 연구 개발을 피하고 오히려 보다 발전된 내용을 생각하도록 유도하고 경쟁하도록 만들어 준다. 보통 연구 개발자는 특허를 검토하면서 많은 지식과 아이디어를 얻을 수 있기 때문에, 특허가 공개되기 전에 같은 회사 내에서 동료들과 공유하는 것이 좋다. 회사 내에서 아이디어가 전파되면서 진일보한 발명들이 탄생할 수 있기 때문이다.

'출원공개'는 특허를 신청할 때 작성된 특허 명세서의 '전문'을 공개하는 방식을 취한다. 대부분의 국가는 특허를 신청한 날로부터 1년 6개월이 지나면 특허청에 의하여 특허가 공개된다. 일반적으로 특허가 신청되고 그 내용이 공개된 후 심사를 통하여 특허가 등록된다. 다만 특허 신청 후 심사가 바로 이루어지는 경우, 특허 등록이 출원공개 시점보다 빨리 이루어질 수 있다. 이 경우 '출원공개'는 생략되고, 특허 등록의 공고로 특허 내용이 세상에 알려지게 된다. 애플의 아이홈 특허 'US 8,577,392'는 2012년 6월에 특허가 신청되고 2013년 11월에 등록되어, '출원공개'가 생략된 채 특허 등록이 공고되었다.

특허 절차

특허가 '출원공개'가 되면 경쟁 회사 입장에서 어떤 조치를 취할 수 있을까? 애플의 아이홈 특허가 '출원공개' 되었다고 가정해 보면 다음과 같은 상황이 연출될 것이다.

경쟁 회사는 아직 등록도 되지 않은, 즉 권리 범위가 확정되지 않은 특허를 놓고 회의실에서 더 애매하고 복잡한 상황에 직면하게 된다. 특허가 등록되지 않았지만 향후 어떤 권리를 애플이 취득할지 검토해야 한다. 일반적으로 '출원공개' 된 특허 청구 범위는 상당히 넓게 설정되어 있다. 특허를 신청할 때 미리 권리 범위를 좁혀서 심사를 받을 이유가 없기 때문이다. 특허 심사를 받는 과정에서 특허 등록을 받기 위해 특허 청구 범위는 좁아지게 된다. 특허가 등록될 수 있을지 따지기 위해 애플의 아이홈 특허와 선행 기술을 비교하고 분석하는 작업이 필요하다. 등록되지도 않은 특허를 분석하는 것은 현실적으로 어려운 작업 과정이다.

선행 기술을 검토한 후 경쟁 회사의 입장에서 취할 수 있는 조치가 있다. 바로 정보 제공 제도이다. 즉, 경쟁 회사는 심사관이 특허를 심사할 때 참고하도록 선행 기술 자료를 제출할 수 있는데, 심사관은 제출된 선행 기술을 심사에 활용한다. 하지만 경쟁 회사는 정보 제공 제도를 활용하는 것이 도움이 될지 신중을 기해야 한다. 특허 신청인은 경쟁 회사가 제출한 선행 기술 자료에 근거한 심사 결과를 검토한 후 선행 기술과 자신의 발명을 확실히 구별되도록 보정할 수 있으며, 이러한 보정은 더욱 견고한 특허를 만들어 내도록 도움을 줄 수 있다. 결과적으로, 경쟁 회사의 정보 제공이 특허를 무력화시키기보다는 오히려 특허 전문가에게 강한 특허를 만들 기회를 제공한다. 즉, 특허 신청인이 처음 제출한 독립항은 다양한 관점을 반영하여 재탄생될 수 있고, 종속항도 제품 개발에서 알아낸 내용으로 더욱 구체화될 수 있다. 괜히 긁어 부스럼을 만들 수 있다는 말이다. 심사관에 의해 바로 등록 결정된 것보다 상황은 더욱 악화될 수 있음을 유의해야 한다.

이런 의미에서 특허가 등록된 후에도 무효 심판 청구는 신중해야 한다. 특허 분쟁이 발생하지 않았는데 특허의 무효를 시도한다면 특허권자는 자신의 특허에 더욱 확신을 가질지 모른다. 자신뿐만 아니라 세상이 특허의 가치를 인정하는 모양새가 된다. 특허권자는 이제 해당 특허를 특별히 관리해야 할 대상으로 여길 것이며, 수많은 연구 개발 중에서 이 특허와 관련된 연구 내용을 특허로 신청하여 특허 포트폴리오를 확보하려는 노력을 할지도 모른다. 따라서 경쟁 회사는 유력한 선행 기술이 있다면 협상이나 소송에서 사용될 수 있도록 전략적으로 자료를 축적하는 것이 더 효율적이다. 특허가 등록된다고 모두 제품에 사용되거나 특허권이 행사되지 않는다. 무작정 상대방의 특허를 자극하는 것보다는 다양한 전략을 구사하고, 되도록 여러 가지 시나리오를 구상해 보아야 한다.

이제 특허를 신청하면 모든 내용이 공개된다는 것을 알았다. 그렇다면 특허 신청인은 굳이 공개할 필요가 없는 내용을 특허 명세서에 기재하거나, 공개하고 싶지 않은 자료까지 포함시킬 필요가 없다. '출원공개' 제도를 염두에 두고 어떤 부분까지 기재해서 특허를 신청할지 고민해야 한다. 예를 들어, 실패한 실험 예 또는 시제품 사진을 특허 명세서에 포함시킬 필요가 없다. 이러한 내용은 경쟁 회사에게 기술 추격의 빌미를 제공할 뿐이다. 특허 명세서는 개념적인 기재가 가능하므로 개념화된 도면과 용어를 사용하면 된다. 세상 사람들에게 기술을 전파하는 것도 의미가 있을지 모르겠지만, 세상에 공개할 발명과 비밀을 유지할 영업 비밀은 구별해야 한다.

문제는 여기서 끝나지 않는다. 다른 사람이나 경쟁 회사는 공개된 기술을 보고 '아! 그렇구나.'라고 뭔가 다른 것을 생각할 수 있다. 좀 더 발전된 제품을 고민할 것이 뻔하다. 아니면 공개된 기술이 다른 제품에 응용될지도 모른다. 그렇기 때문에 특허 신청을 할 때, 최대한 좀 더 발전되거나 변형될 수 있는 형태를 조금이라도 더 포괄할 수 있는지 고민이 필요하다. 다른 제품에도 적용될 수 있도록 용어의 선택이나 다양한 예를 특허 명세서에 기재하는 것이 좋다. 즉, 혁신적인 아이디어를 보호하는 것에 그치지 말고 넓은 권리 범위를 가지는 특허를 개발해야 한다.

'출원공개' 제도는 국가의 이익을 위해 운영된다

'출원공개' 제도는 그 기술 내용을 토대로 연구 개발을 진행하도록 유도함으로써 국가의 산업 발전에 도움을 준다. 모든 나라는 자국민의 이익을 위하여, '출원공개'는 자국어를 사용하도록 강제한다. 즉, 한국어로 공개되는 특허 내용은 한국 사람에게 가장 유익하다. 외국어로 특허 신청이 가능할지라도 일정 기간 내에 자국어로 번역문을 제출하도록 하고, 자국의 언어로 '출원공개'를 진행하도록 제도를 설계한 이유이다. 그러나 각 나라마다 자국의 언어를 강제하므로, 해외 특허 신청인의 부담은 상당히 가중된다.

'출원공개' 제도는 자국에 가장 이익이 되므로 다른 나라보다 특허 내용을 늦게 공개할 이유가 없다. 특허 신청일로부터 1년 6개월이 경과된 시점에서 바로 공개한다. 특허 신청일로부터 1년 6개월이라는 기간은 여러 가지 특허 절차와의 관계에서 필요한 기간이다. '출원공개' 시점은 우선권주장제도와 관련된다. 우선권주장제도를 이용하여 여러 나라에 하나의 발명을 특허 신청한 경우를 살펴보자.

한국 기업이 한국에 먼저 특허를 신청하고, 미국, 중국, 일본에 우선권 주장제도를 이용하여 해외 특허를 신청한 예이다. 한국 특허는 신청일로부터 1년 6개월이 된 시점에 '출원공개'가 이루어진다. 미국, 중국, 일본의 특허청은 한국보다 늦게 공개할 이유가 없다. 특허가 늦게 공개될수록 자국의 산업 발전에 도움을 줄 수 없기 때문이다. 따라서 대부분의 국가는 실제 특허 신청일이 아닌 '우선일(최초의 특허 신청일)'로부터 1년 6개월이 된 시점에 특허를 공개한다. 결과적으로 한국, 미국, 중국, 일본에서 경쟁이라도 하듯 동시다발적으로 특허가 공개된다.

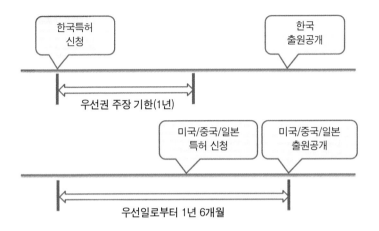

우선권 주장과 출원공개 시점

'출원공개' 제도는 공익을 위한 제도이다. 당연히 특허 신청인
은 출원공개를 싫어한다. 특허권을 획득하기 위해 어쩔 수 없이
이 제도를 받아들일 뿐이다. 하지만 빨리 자신의 특허에 대해 '출
원공개'를 진행하는 특이한 경우가 생기기도 한다. 특허 신청일
부터 1년 6개월이 되기 전에, 특허 내용을 공개하고 싶은 특허 신
청인도 있기 마련이다. 앞서 언급한 에스보드 사례가 대표적이
다. 자신의 발명 내용을 조기에 알려 사업을 원하는 사람에게 특
허를 양도하고 싶거나 자신의 발명을 세상에 빠르게 공표하고 싶
은 경우이다. 또는 특허 신청 후에 모조품이 출현하여 경고장을
보낼 필요성이 생긴 경우, 경고장을 보내기 위해서는 '출원공개'
가 신속히 완료되도록 신청한다. 이렇게 특허 신청일로부터 1년

6개월이 경과하기 전에 '출원공개'를 신청하는 제도를 '조기공개 신청' 제도라고 부른다.

특이한 경우를 제외하고, '출원공개'는 경쟁 회사에 기술 정보를 제공하고, 모조품의 출현을 자극할 수 있다. 또한 특허 신청인 자신이 개량된 기술을 또 다른 특허 신청으로 1년 후에 진행할 수 있는데, 조기에 '출원공개' 된 자료가 자신의 다른 특허에 선행 기술로 작용하므로 반가울 리 없다. 따라서 조기공개신청 제도는 그 필요성에 따라 제한적으로 이용하는 것이 더 바람직하다.

한편, 미국은 약간 이기적인 '출원공개' 제도를 가지고 있다. 미국 특허법상 '출원공개' 제도는 2000년부터 시행하였는데, 그 도입 배경이 재미있다. 이전에는 '출원공개' 제도가 없었기 때문에 미국인들은 다른 나라 국민들에 비하여 발명의 내용을 늦게 알거나 알 수 없었다. 앞의 경우를 생각해 보면 한국, 중국, 일본 사람들은 모두 알고 있는 내용을 미국 사람들만 모르는 상황이 생긴다. 이런 문제점을 인식하고 미국 외의 다른 국가에서 특허를 신청한 경우, 미국 특허도 '출원공개'를 하도록 변경했다. 외국에 특허 신청한 경우, 그 국가에서 특허의 공개가 강제되기 때문에 미국에서도 특허를 공개하여 자국민에게 알리기 위해서이다. 미국에만 특허를 신청하고 외국에 특허를 신청하지 않는 경우에, 특허 신청인은 미국에서 특허가 출원공개되지 않도록 신청할 수 있는 이기적인 제도를 운영하고 있다. 미국 입장에서는 미국에만 특허가 신청된 발명이라면, 접근성이 뛰어난 영문 특허 명세서가 '출원공개'로 외국에 알려지는 것을 꺼려하는 것으로 이해된다.

심지어는 외국 특허에 포함되어 있지 않은 내용이 미국 특허에 있는 경우 이 부분만 '출원공개'에서 제외시킬 수 있는데, 철저하게 자국의 이익을 고려한 '출원공개' 제도라 할 수 있다.

핵 심 포 인 트

- 기업의 연구 개발 동향이나 차세대 제품은 특허 또는 디자인 문서를 통하여 파악할 수 있다.
- 특허를 신청한 후 1년 6개월이 경과하면 모든 기술 내용이 공개되는 '출원공개' 제도가 운영되고 있다.
- 특허 제도는 '출원공개' 제도를 통하여 기술 개발 경쟁을 부추기고 기술 발전을 이루려는 공익적 목적을 가지고 있다.
- 특허를 신청할 때 특허 명세서에 기재할 내용과 기재해서는 안 될 내용을 선별해야 한다.
- 1년 6개월이 경과하기 전에 '출원공개'가 진행되도록 신청할 수 있는 '조기공개' 제도가 있지만, 그 필요성에 따라 제한적으로 이용해야 한다.
- 여러 나라에 특허를 신청하면 1년 6개월이 된 시점에 동시다발적으로 모든 국가에서 특허가 공개된다.
- 미국에만 특허를 신청하면 미국에서 특허가 '출원공개' 되지 않도록 신청할 수 있다.

03
애플 특허, 스티브 잡스의
아이폰 시연으로 무효가 되다

▼

스티브 잡스는 2007년 1월 스마트폰을 세상에 처음으로 알리며, 아이폰(iPhone)을 시연한다. 스티브 잡스가 아이폰을 시연한 행위가 특허 신청 전에 이루어졌기 때문에 독일에서 애플 특허가 무효로 되었다.

바운스 백 특허, 미국에서 유효하지만 독일에서 무효다?

2007년 1월 스티브 잡스는 사람들의 삶을 바꾸어 놓은 스마트폰을 전격적으로 발표하였다. 이때 스티브 잡스는 "Boy, have we patented it!"이라고 말했다. 스마트폰 기술을 특허로 보호하고 시장을 지킬 수 있다는 자신감의 표현이었을 것이다. 그러나 2013년 9월 26일, 독일 특허 전문 블로그는 스티브 잡스의 시연 때문

에 독일 특허가 무효로 되었다고 소개하였다. 시연 내용 중 포토
갤러리에서 '바운스 백 효과'를 보여 준 것이 문제가 되었다. 독일
연방 특허법원이 스티브 잡스의 시연 때문에 애플 특허를 무효로
선언한 점은 우리에게 시사하는 바가 크다. 특허법원이 판결하
더라도 바로 확정되지는 않지만, 이 사례는 특허 제도의 원리를
이해할 수 있는 단초를 제공한다. 이 특허(EP 2059868)는 2007년
8월 31일에 신청되었으며, 스티브 잡스의 아이폰의 공개 행사는
특허 신청일보다 앞선 2007년 1월 8일이었다.

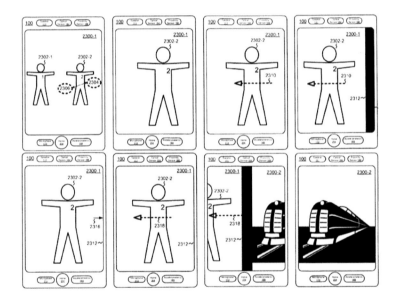

바운스 백 특허
출처: 유럽 특허 EP 2059868

이 특허는 바운스 백(bounce-back) 효과, 즉 스마트폰에 저장한

사진을 손가락으로 넘길 때 맨 마지막 사진의 끝부분에 도달하면 화면이 더 이상 넘어가지 않고 반대 방향으로 용수철처럼 팅겨 되돌아가는 기술에 관한 발명이다. 구체적으로 설명하면, 어떤 사진이 있을 때 먼저 그 사진을 확대하고 왼쪽 방향으로 사진을 넘길 때, 오른쪽 끝부분이 끌려 나오다가 음영으로 표시된 후 오른쪽 방향으로 다시 팅겨져서 화면이 되돌아간다. 그리고 다시 왼쪽 방향으로 사진을 끌어당기면 다음 사진으로 넘어가게 된다.

이와 같은 발명은 확대된 사진의 끝부분을 사용자에게 알려 주는 기술로써, 스마트폰에서 기본적으로 사용되는 기술이었다. 이 특허는 애플과 삼성의 특허 분쟁에도 쟁점이 될 만큼 중요했다. 따라서 애플의 독일 특허에 삼성이 대항하는 가장 좋은 방법은 특허 등록을 무효로 만드는 것이었다. 그런데 다른 원인도 아닌 스티브 잡스의 아이폰 시연 때문에 이와 관련된 독일 특허가 무효라는 판결을 받았다.

한국에서도 등록된 특허가 이런 이유로 무효가 되는 일은 상당히 많이 발생한다. '속 뚜껑이 있는 김치통' 특허(실용신안등록 제465164호)는 특허 신청 전에 홈쇼핑과 쇼핑몰에 광고하였다는 이유로 무효가 되었다. 특허청에 따르면 '속 뚜껑이 있는 김치통'은 우리 조상들이 김치에 누름돌을 올려 건더기가 국물에 잠기도록 하여 공기에 의한 김치의 산패를 방지함으로써 김치 맛을 신선하게 유지할 수 있도록 한, 전통 방식에 착안하여 개발된 제품이라고 한다. 이 제품은 홈쇼핑이나 인터넷 쇼핑몰에서 주부들이 선호하는 히트 상품이었다.

자신의 발명을 시연한 행위 또는 제품의 판매 때문에 자신의 특허가 무효가 된다는 것은 선뜻 이해하기 어렵다. 오히려 세상에 널리 알렸으니 어떤 권리를 가져야 하지 않을까? 발명자나 그 회사는 발명을 세상에 알리는 행위와 특허 등록은 무관하다고 생각한다. 그러나 다른 사람의 입장에서 정반대의 논리가 가능하다. '세상에 널리 알려져서 더 이상 새로운 기술이 아니다. 특허를 주장하지 않았으니 누구나 사용해도 된다. 나중에 시간이 흐른 뒤에 특허권을 부여해서도 안 된다.'고 생각한다. 발명을 보호하면서도 다른 사람의 기대 이익과 예측 가능성을 조화시켜야 한다. 따라서 자신의 발명을 공지하는 행위에 대해서 발명을 보호하기 위해 일정한 예외를 두면서, 다른 사람과의 관계에서 적절하게 제재를 가할 필요가 있다. 일정한 예외를 인정한다고 하더라도 자신의 발명을 공지하는 행위는 특허 제도의 취지에서 볼 때 바람직하지도, 도움이 되지도 않는다. 『특허의 지식』의 저자 다케다 가즈히코(竹田和彦)는 특허 신청 전에 공지하는 행위에 대하여 '자살 발명'이라는 거친 표현을 사용하였다. 자신의 발명을 세상에 알려 새롭지 않은 발명으로 만들었으니, 이러한 거친 표현이 어색하지 않다.

특허 신청 전 발명 공지에 대해 예외 규정을 부여하다

발명자나 특허권자의 충격을 완화하면서도 다른 사람의 예측 가능성을 보호해 줄 수 있는 절충안이 있는데, 이를 '공지예외적용' 주장 제도라 한다. 나라마다 상이하지만 제품의 시연 또는 논문 발표 등 공지한 날로부터 6개월 또는 1년 내에 특허를 신청하면 문제 삼지 않겠다는 규정이다. 6개월 또는 1년의 기간을 '유예 기간(grace period)'이라고 한다. 공지 행위를 한 발명자나 회사도 유예 기간 내에 특허를 신청하면 보호받을 수 있고, 다른 사람도 유예 기간 때문에 예측 가능성을 확보하게 된다. 한국, 일본과 미국의 특허 제도는 1년의 유예 기간을 두고 있다. 중국과 유럽의 특허 제도는 6개월의 유예 기간을 준다.

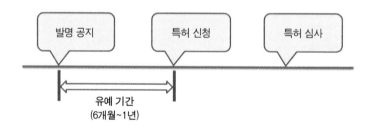

공지예외적용 유예 기간

발명 공지 후, 유예 기간 내에 특허를 신청하면, 특허를 심사할 때 발명 공지로 인하여 특허가 거절되지 않는다. 즉, 발명을 세상에 알리는 행위는 있었지만 이 행위가 없었던 것으로 취급한다. 반대의 경우를 생각하면 쉽게 이해가 된다. 이러한 제도가 없다면 특허 신청 전에 발명이 공지되었기 때문에 더 이상 발명이 새롭지 않게 된 후 특허 신청이 이루어진 꼴이 된다. 특허 신청일을 기준으로 새롭지 않은 발명은 특허를 받을 수 없다. 특허를 신청한 발명이 새로운지 여부를 판단하는 것을 '신규성(novelty) 요건'이라고 부른다. 따라서 공지예외적용 주장 제도는 신규성 상실의 예외라고 말할 수 있다.

앞에서 설명한 바운스 백 특허는 2007년 8월 31일에 특허가 신청되었으며, 스티브 잡스의 아이폰의 공개 행사는 2007년 1월 8일이었다. 유예 기간만 따진다면 미국 특허 신청은 유예 기간 내에 진행되었다. 하지만 6개월의 유예 기간을 두고 있는 유럽 특허 신청에서는 이 유예 기간이 지켜지지 않았다.

공지예외적용 주장제도를 이용하기 위하여 일부 국가에서는 '특허를 신청할 때' 이러한 공지 행위가 있었다고 주장하여 특허 청에 제출해야 한다. 이는 특허 신청인에게 부담이 되는 절차이다. 만일 발명자나 특허 신청인이 공지 행위가 문제 된다는 것을 인식하지 못한다면, 특허를 신청할 때 공지예외적용을 주장하지 못하여 구제받기 어렵게 된다. 특허 신청할 때는 자신이 발명 공지 행위를 했는지 반드시 체크해야 한다. 발명 공지 행위를 했다면 증명 서류도 특허청에 제출해야 한다.

'속 뚜껑이 있는 김치통'은 2011년 10월 20일과 2012년 1월에 쇼핑몰과 홈쇼핑에 광고를 하였고, 2012년 10월 17일에 특허를 신청하였다. 특허 신청이 최초 공지된 날인 2011년 10월로부터 1년 내에 이루어졌다. 하지만 아쉽게도 '특허 신청을 할 때' 공지 예외적용을 주장하지 않았다. 이 절차를 지키지 않았으므로 등록된 특허가 무효로 된 경우다.

이제는 우리나라도 미국처럼 특허를 신청할 때 신청인에게 부담을 주지 않도록, 공지예외적용 주장제도를 보완하였다. 즉, 공지예외적용 주장이 '특허를 신청할 때'에만 가능했던 특허법 규정을 완화했다. '특허를 신청할 때' 뿐만 아니라 심사 단계에서 보정 기간과 특허 등록료를 납부하는 기간에 공지예외적용을 주장할 수 있게 되었다. 완화된 특허법 규정도 1년의 유예 기간 내에 특허를 신청한 경우에 한하여 적용되므로, 다른 사람의 예측 가능성을 해치지 않는다. '속 뚜껑이 있는 김치통'에 관한 특허를 신청할 때 공지예외적용을 주장하지 않아 무효가 되었는데, 이제는 특허 신청 후에도 구제될 수 있는 길이 열렸다. 다만 무효 심판이 청구된 경우에 자신의 공지 행위임을 주장할 수 없으므로 특허가 무효로 되는 결과는 같다. 중소기업의 발명이 보호될 수 있도록, 특허 무효 심판에서 공지 행위를 주장할 수 있도록 특허법이 개정되길 기대해본다.

한국의 디자인 특허는 미국, 중국과 다르게, 디자인보호법이라는 별도의 법률로 규정되어 있는데, 디자인 특허도 공지 후 특허 신청에 대해 1년의 유예 기간을 부여하고 있다. 미국, 유럽, 일본의 특허 제도도 1년의 유예 기간을 두고 있지만, 중국의 특허 제도는 6개월의 유예 기간을 인정하고 있다. 디자인보호법에서 공지 행위에 대한 주장은 언제든지 가능하도록 개정되었다. 즉 '디자인 특허를 신청할 때' 뿐만 아니라 디자인 특허에 대해 분쟁이 발생하여 무효 심판이 청구되어도 자신의 공지 행위임을 주장할 수 있다.

그러나 한국의 특허 제도가 신청인의 부담을 완화하였더라도, 다른 국가의 특허 제도는 변함이 없다는 점에 유의하자. 일부 국가는 특허를 신청할 때 공지예외적용을 주장하고 증명 서류도 제출해야 한다. 이러한 절차를 지키지 않는 경우, 한국 특허는 아무런 문제가 없더라도 해외 국가의 특허는 절차의 미비로 특허가 무효가 될 수 있다. 한국 특허 제도가 특허를 보호하는 방향으로 개정되더라도, 특허 신청인에게 약인지 독인지는 각 국가의 특허 절차를 얼마나 인지했는지에 달려 있다.

특허 신청 전 발명 공지 행위는 모두 예외로 인정되는가?

특허 신청 전에 발명의 공지 행위가 문제 된 대표적인 한국 사례가 있다. 소위 『마법천자문』 사건'이라고 한다. 발명이 책의 내용과 관련되어 특허의 대상인지 여부가 문제 되었지만, 특허청 심사를 통과하여 한국 특허 10-0592036호로 등록되었다.

『마법천자문』이라는 한자 교재에 대하여 특허 등록을 받았지만, 대법원 판결까지 진행한 특허 분쟁에서 특허가 무효라는 판결을 받았다. 특허가 무효라는 판결을 받은 이유는 다른 선행 기술과 비교할 때 특허성을 인정할 수 없다는 것이 아니었다. 바로 특허를 신청하기 전에 『마법천자문』 도서를 발행하였기 때문이었다. 북이십일의 김영곤 사장은 한국경제신문과의 인터뷰에서 "자기 기술을 자기가 공지하는 게 문제 된다는 것을 아는 기업인들이 얼마나 되겠느냐."며 패소 판결에 대한 소회를 밝혔다. 인터뷰 당시 『마법천자문』으로 1,000억 원가량의 매출을 올린 김영곤 사장으로서는 아쉬움이 남을 수밖에 없었다.

중요한 것은 '어떤 공지 행위를 예외로 인정할 것인가'이다. 한 나라 안에서도 어떤 공지 행위를 예외로 인정할 것인지 계속 변하고 있다. 특허를 보호하는 경향이 강해질수록 공지 행위의 유형에 대한 제한을 두지 않는다. 우리나라의 경우에는 일정한 공지 행위에 대해서만 예외를 인정하다가 현재는 어떤 공지 행위라도 '공지예외적용 주장제도'를 이용할 수 있도록 바뀌었다. 이런 역사적 변화를 잘 알 수 있는 대표적인 사례가 '『마법천자문』 사건'이다.

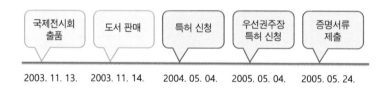

『마법천자문』 특허 신청 과정

『마법천자문』 사건에서 특허 신청인은 국제전시회에 출품 및 전시 후, 6개월 내에 특허를 신청하였다. 이를 기초로 우선권을 주장하여 다시 특허를 신청하고 30일 내에 증명 서류까지 제출하였다. 당시 특허법은 유예 기간도 1년이 아닌 6개월이었다. 또한 국제전시회 출품은 공지예외적용 주장 사유가 되었지만, 도서를 판매하는 행위는 예외 사유에 포함되지 않았다. 법원에서는 공지예외적용 주장제도의 유예 기간이나 특허를 신청할 때의 주장 및 증명 서류의 제출 모두가 법률 규정에 부합하였지만, 도서 판매가 예외 유형에 속하지 않는다는 이유로 특허 등록을 무효로 판결하였다.

각 나라마다 특허 제도를 운용하는 정책 방향이나 수준이 다르기 때문에 공지예외적용을 주장할 수 있는 사유도 차이점이 있다. 공지예외적용 주장제도를 운영하는 것은 동일하지만 이 제도의 구체적인 내용이 다르다. 한국, 일본, 미국은 제품 판매, 시연 행위, 논문의 발표가 특허 신청에 영향을 미치지 않도록 규정을 마련해 놓고 있다. 하지만 중국과 유럽은 이러한 공지 행위가 특허를 신청하기 전에 이루어지면 특허를 받을 수 없거나 특허를 받더라도 무효가 된다. 그래서 스티브 잡스의 아이폰 시연 행사가 미국 특허에 영향을 미치지 않았지만, 유럽(독일) 특허에는 영향을 미쳤다. 특허를 신청하기 전에 제품을 시연 또는 판매하거나 논문을 발표하는 순간, 중국과 유럽의 특허 등록을 포기한 것이나 다름없다.

공지 행위에 대한 가장 바람직하고 현실적인 방안은 무엇일까? 한국 특허를 신청하기 전에 공지 행위가 있었는지 먼저 확인하고, 공지 행위가 있었다면 특허를 신청할 때 공지예외적용을 주장하고 증명 서류를 제출해두는 방법이다. 첫 번째 이유는 유예 기간을 지키기 위함이다. 특허를 신청하기 전에 공지 행위의 유무를 확인해야 가장 기본적인 유예 기간 내 특허 신청이 가능하다. 두 번째 이유는 해외 국가를 결정하기 위함이다. 공지 행위가 일단 발생하면 중국과 유럽은 특허를 등록받을 수 없다. 공지 행위를 확인하지 않으면 불필요한 해외 특허가 진행될 수 있다. 해외 국가가 결정되면 나라마다 차이가 있는 유예 기간과 공지예외적용의 주장 시기를 확인해야 한다. 세 번째 이유는 한국 특허를 신청할 때 공지예외적용의 주장과 증명을 진행하지 않는 경우, 특허 등록까지 공지 행위에 대해 신경 쓰지 않을 가능성이 높고, 특허 등록 이후에는 공지 행위에 대한 주장이 불가능하다는 점이다. 또한 해외 특허를 진행할 때도 미리 관련 서류를 준비하는 데 큰 도움이 된다.

공지예외적용 주장제도는 '예외'적으로 인정되는 제도이다. 특허 신청 전 공지 행위에 대해 '예외'로 인정받을 수 있더라도, 특허를 신청하기 전 공지해서는 안 되는 더 많은 이유와 복잡성이 존재한다. 따라서 우리는 '예외'로 인정된 제도를 '원칙'으로 생각하면 안 되며, 특허를 신청하기 전에 발명을 공지하지 않도록 유의해야 한다.

- 특허 신청일을 기준으로, 발명이 새로운지 여부를 판단한다.
- 공지한 날로부터 유예 기간(1년) 내에 특허를 신청하면 예외 규정을 적용받을 수 있다.
- 특허를 신청하기 전에 발명을 공지하는 순간, 중국과 유럽 특허를 포기한 것이나 다름없다.
- 특허를 신청하기 전에 공지 행위가 있었는지 먼저 확인하고, 공지 행위가 있었다면 특허를 신청할 때 예외를 주장하고 증명 서류를 제출하자.
- 특허를 신청할 때 공지 행위에 대한 예외를 주장하지 않았다면 특허를 등록할 때 공지 예외를 주장하고 증명 서류를 제출해야 한다.
- 디자인 특허는 무효 심판 등 분쟁이 발생한 후라도 자신의 공지 행위를 주장할 수 있다.
- 발명의 새로움이 사라지지 않도록, 특허를 신청하기 전에 발명을 공지하지 않도록 유의해야 한다.

04
무엇보다 특허 신청일의
선점이 중요하다

특허가 신청된 후 다른 사람이 기술을 모방하면 특허권을 행사하여 저지할 수 있다. 또한 특허가 신청된 후 모방하지 않고 독자적으로 아이디어를 창작한 사람도 특허를 받지 못하며 사업을 진행할 수도 없다. 바로 특허 제도가 말하는 차단효는 특허 등록일이아닌, 특허 신청일이 기준이다. 무엇보다 '특허 신청일'을 선점해야 한다.

발명을 공지하기 전에 임시적으로 특허를 신청하라

제품을 시연하거나 판매하기 전에 특허를 신청하는 데 어떤 어려움이 있는가? 공지 행위 전에 특허를 신청하는 데 충분한 시간이있다면 상관이 없다. 특허를 온전히 준비하여 신청하면 된다. 하지만 특허 신청을 준비하는 데 생각보다 많은 시간이 소요된다. 특허 명세서를 작성하기 위하여 발명자와 전문가가 상담하고 작성하는 데 최소한 몇 주의 시간이 필요하다. 특히 특허의 권리 범위를 정해 주는 청구항 작성은 많은 고민을 하게 만든다. 따라서 현실적으로 제품 시연이나 판매 또는 논문 발표 전에 특허 명세서를 작성하는 시간이 부족하다면 어떻게 해야 할지 그 방안이 필요하다. 스티브 잡스가 아이폰을 시연하기 전에 할 수 있었던 방법을 예로 들면 다음과 같다.

공지 전 임시적인 특허 신청의 활용

먼저, 미국 특허청에 시연할 내용을 있는 그대로 임시적으로 특허를 신청(provisional application) 할 수 있다. 임시 특허 신청은 말 그대로 임시로 신청일을 만들기 위한 방식일 뿐이다. 임시 특허 신청에는 특별히 정해진 양식이나 언어가 없으므로, 발명 내용을 가공 없이 특허청에 제출해 놓기만 하면 충분하다. 그리고 임시 특허 신청이 완료되면 필요한 공지 행위를 한 후에 정식으로 특허 명세서를 작성해야 한다. 임시적으로 특허를 신청하여 우선권을 선점하고, 그다음에 정규 특허 신청을 1년 내에 제출하는 방식이다. 발명이 새로운지는 특허 신청일을 기준으로 한다. 따라서 임시 특허 신청으로 미리 신청일을 확보했기 때문에 제품 시연으로 발명의 새로움이 사라지지 않는다. 임시 특허 신청에 대한 우선권을 주장하면, 정규 특허 신청에 대한 신규성 등의 특허성을 판단할 때 미국의 임시 특허 신청일을 기준으로 판단하게 된다. 어떤 공지 행위보다 임시 신청일이 앞서기 때문에 자신의 공지 행위로 특허가 거절되지는 않는다.

임시 특허 신청과 해외 특허 신청

다른 나라에 특허를 신청하는 경우도 마찬가지다. 미국에서 임시적인 특허를 신청하고 1년 내에 정규 특허를 신청하면서, 다른 나라에서 우선권을 주장하여 특허를 신청하면 된다. 임시 특허 신청에는 발명 A가 기재되고 정규 특허 신청에는 발명 A, B가 기재되어 있으면, 해외 특허를 신청할 때 임시 특허 신청과 정규 특허 신청에 대한 복합적인 우선권을 주장해야 한다. 우선권 주장으로 발명 A에 대한 특허성 판단 기준일은 임시 특허 신청일이고, 발명 B에 대한 특허성 판단 기준일은 정규 특허 신청일이다. 다른 나라에서 신규성을 판단할 때 임시 특허 신청일이 기준이므로 공지예외적용 주장제도를 생각할 필요가 없다. 이러한 방법에 따라 애플이 바운스 백 특허를 독일에 특허를 신청하였다면 독일에서 거절되거나 무효로 되지 않았을 것이다. 물론, 임시 특허 신청을 기초로 국제특허를 신청하는 방법도 있다. 국제특허 신청도 해외 특허를 진행하는 한 방식이다. 애플의 유럽 특허 EP 2059868도 국제특허를 신청한 후 독일에 등록된 경우다. 이러한 절차를 따랐다면 애플의 제품 시연이 독일 특허에 영향을 주지 않았을 것이다.

한국의 특허 제도는 미국의 임시 특허 신청과 유사한 제도를 가지고 있다. 첫 번째 유사한 제도는 '특허청구범위 제출유예 제도'이다. 특허청구범위 제출유예 제도는 말 그대로 특허 청구 범위에 대해서만 제출을 생략한 채 유예해 둔다. 특허 청구 범위(청구항) 작성은 특허를 신청한 후에 천 천히 고민하고, 공지할 발명 내용을 특허 명세서에 담아 임시로 특허를 신청하면 된다. 미국의 임시 특허 신청과 다르게, 특허청구범위 제출유예 제도는 정해진 명세서 양식에 맞게 작성하기 때문에 좀 더 번거롭지만 몇 시간 정도면 가능하다. 임시로 특허 신청이 완료되고 공지 행위를 한 후에, 특허 신청인은 필요에 따라 특허 청구 범위를 작성하여 제출할 수도 있다.

하지만 실제로는 발명의 내용을 특허명세서의 양식에 적당히 맞추어 특허를 신청한 후에, 임시적인 특허 신청에 대한 국내우선권을 주장하여 제대로 된 특허명세서를 작성하고 특허를 다시 신청하면 된다. 이러한 이용 방식으로 볼 때, 특허청구범위 제출유예 제도는 미국의 임시 특허 신 청과 유사하다.

한국에서 특허청구범위 제출유예 제도를 이용하여 특허를 신청하는 것도 다소 번거로울 수 있다. 특허 명세서 형식에 맞추어 작성해야 하기 때문이다. 2020년부터 한국의 특허 제도에 미국의 임시 특허 신청(임시 명세서) 제도가 도입되었다. 한국어 또는 영어로 된 문서를 형식에 구애받지 않고 특허청에 제출하는 것으로 충분하다. 예를 들어, 영어 논문을 발표하기 전에 논문 그대로 특허청에 제출하면 특허 신청일을 인정해 준다. 이렇게 특허 신청일을 미리 확보해 두어야 불필요한 논란을 없앨 수 있다. 여러 가지 측면에서 특허 신청일의 확보가 최선책이고, 공지예외적용주장제도는 차선책일 뿐이다. 발명을 공지하기 전에 특허를 급하게 진행해야 한다면 한국에서 임시적인 특허라도 신청해야 한다.

임시 특허 신청(임시 명세서)의 도입은 또 다른 의미를 가진다. 아이디어가 창출되면 곧바로 한국에서 임시 특허 신청을 진행하여 특허 신청일을 선점할 수 있다. 임시 특허 신청을 완료한 후 추가적인 기술 개발이나 제품을 완성하고, 1년 이내에 국내우선권을 주장하면서 기술 내용을 추가하여 특허 신청을 완성할 수 있다. 임시적인 특허 신청은 연구 개발 단계에 맞추어 여러 번 진행할 수 있다. 초기 아이디어부터 임시 특허 신청으로 보호되고 제품 개발이 완료되면 최종적으로 완성된 특허로 보호되는 셈이다. 특허 신청일 확보의 경쟁은 결국 국제적인 경쟁의 시발점이다. 한국에서 특허 신청일을 확보하면 우선권을 주장할 수 있으므로, 해외 특허를 확보할 수 있는 기초가 된다.

먼저 발명한 자를 보호해야 하는가?

다른 사람보다 먼저 발명하였지만 특허 신청일이 다른 사람보다 늦었다면 어떻게 처리해야 할까? 이 문제는 근본적으로 먼저 발명한 사람을 보호(선발명주의)할 것인지 아니면, 먼저 특허를 신청한 사람을 보호(선출원주의)할 것인지의 문제이다. 정당성을 따지자면 먼저 발명한 사람을 보호하는 것이 맞다. 하지만 먼저 발명한 사람을 보호하게 되면, 누가 먼저 발명했는지 따져야 한다. 이것은 보통 복잡한 문제가 아니며, 이와 관련된 소송이나 분쟁이 난무하게 된다. 특허를 심사하는 과정에서도 발명일의 선후를 따져야 할 뿐만 아니라, 특허가 등록되어도 추후 늦게 발명했다는 이유로 특허가 무효로 되어 권리의 안정성이 떨어진다.

좀 더 고민해 보자. 먼저 발명한 것만으로 세상에 충분히 기여했다고 볼 수 있을까? 발명이 세상에 알려지지 않고 방치되는 상태를 제도권으로 끌어들여 발명이 알려지도록 유도한다면 더 세상에 유익해지지 않을까? 먼저 발명한 자를 보호하는 것이 정당하다고 하더라도, 절차의 복잡성과 공공의 이익을 위하여 먼저 특허를 신청하는 자를 보호하고 있다. 즉, '선발명주의'가 아닌 '선출원주의'를 채택하고 있다. 특허 신청은 기술 공개를 의미하므로 빠른 특허 신청이 세상의 발전을 가속화한다. 선발명주의를 채택하면 새로운 기술을 개발했음에도 세상에 공개되지 않음으로써 중복적인 기술 개발이 진행될 여지가 있다. 전 세계에서 일어나는 기술 발전이 지체될 수밖에 없다. 세상에 기여하는 자를 세상이 보호한다는 취지에서, 특허 제도는 특허권을 유인책으로 사용하여 특허가 신속하게 신청되도록 유도한다. 즉, 특허 제도는 발명자가 발명을 언제 했는지에 큰 관심을 두지 않고 서둘러 특허 신청이 완료되기를 권장한다.

과거에는 미국을 제외한 모든 국가가 선출원주의를 채택하고 있었다. 미국은 2013년 발효된 개정법에서 200년 이상 고수해 온 선발명주의를 포기하고 선출원주의를 채택하는 통이 큰 선택을 했다. 이로써 모든 주요 국가가 선출원주의를 채택하고 있다. 결론은 먼저 발명했더라도 다른 사람이 먼저 특허를 신청했다면 특허를 받을 수 없다. 먼저 발명했다고 안심하지 말고, 먼저 특허 신청일을 선점하기 위한 '성급함'을 가져야 한다.

'선출원주의'는 지식재산 전반에 적용되는 원칙이다. 발명과 디자인은 창작이지만, 상표는 선택으로 취급된다. 상표는 선택이라는 관점에서, 다른 사람의 상표를 먼저 등록하려는 시도가 끊이질 않는다. SBS 예능 프로그램 〈백종원의 골목식당〉에서 소개된 포항 덮죽집의 상표 등록이 논란이 된 이유다. 먼저 상표 등록을 신청한 사람을 보호해야 할지 아니면 상표를 신뢰하는 소비자를 보호해야 하는지를 두고, 누구에게 상표권을 부여할지 결정해야 한다.

한국에서 상표 선점이 문제 되면 그나마 해결하는 데 어렵지 않다. 더 어려운 문제는 해외에서 한국 상표가 선점되는 경우다. 소위 상표 브로커에 의한 선점이다. 대표적인 예가 중국에서 선점된 한국의 전통 디저트 카페 '설빙' 상표이다. 우여곡절 끝에

'설빙' 상표를 되찾기는 했지만, 선점된 상표 등록을 무효로 하는데 상당한 시간이 걸렸고, 한국 설빙과 정식 계약을 맺은 중국 프랜차이즈 업체와 분쟁이 일어나는 등 그 피해는 말로 다 할 수 없었다. 중국 상표법이 이러한 행위를 제재할 수 있도록 개정되면서 조금씩 환경이 개선되고 있다. 하지만 여전히 중국에서 상표가 선점되지 않도록 한국 기업이 중국 상표 등록을 먼저 신청해야 하고, 이제 한류가 거센 동남아 시장도 신경 써야 한다. 현재 중국이 아닌 동남아 국가에서 한국 기업의 상표가 계속 선점되고 있음을 예의 주시 해야 한다.

제품 출시 시기에 맞추어 특허권을 확보하자

특허 신청일을 선점했다면, 이제 특허 심사와 등록 과정을 알아보자. 앞에서 언급한 에스보드 사례의 특허 등록 과정은 다음과 같다.

청년 발명가의 특허(10-2002-0023890)는 2002년 5월 1일에 '흔들어서 나아가는 구름판'이라는 명칭으로 신청되었다. 이 특허

청년 발명가 특허 신청	청년 발명가 출원 공개	강신기 사장 특허 신청	우선 심사	특허 등록	제품 출시
2002. 5. 1.	2002. 6. 5.	2003. 4. 23.	2003. 6. 10.	2003. 8. 4.	2003. 9.

에스보드 특허 등록 과정

신청에 청년 발명가의 이름, '고진경'이 분명히 기재되어 있다. 에스보드를 최초로 창안한 사람이 한국인 '고진경'이라고 세상에 기록되었다. 이처럼 발명자의 이름은 특허가 공개되면서 함께 표기된다. 발명자는 자신의 발명에 대하여 자신의 이름을 게재할 권리를 가진다. 흔히 '발명자 게재권'이라고 한다. 자신이 발명하였음을 당당히 밝히는 부분으로 인격권의 성향이 강하다. 따라서 발명자 이름이 잘못 표기되면 기분이 상한다. 역사에 자신의 이름을 남기는 일이니 당연하다. 종종 발명자들 중에서 일부가 기재되지 않거나 발명자의 표기 순서가 잘못된 경우가 생긴다. 이 경우 발명자를 정정하는 절차를 진행한다.

청년 발명가 고진경 씨의 특허 신청은 특허 신청일로부터 1년 6개월이 되었을 때가 아닌 이보다 훨씬 빠른 시점인 2002년 6월 5일에 공개되었다. 특허 신청인은 특허 신청일로부터 1년 6개월이 되기 전에 미리 특허를 공개해 달라고 요청할 수 있다. 이를 '조기공개신청제도'라고 한다. 일반적으로 특허 신청 내용을 조기에 공개하는 것은 바람직하지 않다. 경쟁 회사에 자신의 기술을 알리는 것이니 신청인은 조기에 공개하는 것을 꺼리게 된다. 즉, 최소한 1년 6개월 동안 자신의 발명을 비밀로 유지하고 싶어 한다. 다만 사업을 진행할 의사가 없는 경우, 조기 공개는 효과가 있다. 자신의 기술을 조기에 공개하여 특허를 매수할 자에게 기술을 노출시킴으로써 개인 발명가나 대학은 특허를 매각할 기회를 좀 더 빨리 가질 수 있다.

강신기 사장의 특허에는 '우선권 주장'이라는 표시가 있다. 강신기 사장이 청년 발명가의 특허 신청을 보강해서 다시 신청했기 때문이다. 특허를 신청하면 특허 등록이 가능한지 여부를 신청일을 기준으로 따지게 된다. 하지만 이렇게 우선권 주장이 있으면 청년 발명가의 특허 신청일까지 소급하여 강신기 사장의 특허를 심사한다. 즉, '우선권'이란 앞선 특허 신청일을 기준으로 특허성을 판단해 달라고 주장할 수 있는 권리로서, '우선권 주장'은 자신이 특허를 받을 수 있는 우선적 자격이 있음을 표시하는 제도이다. 한국 특허 신청을 우선권 주장하는 경우에는 국내우선권주장제도라고 한다. 해외 특허 신청에 대해 우선권을 주장할 수도 있는데, 이때는 '해외우선권주장'이라고 표현한다. 국내우선권주장은 보통 강신기 사장의 예처럼, 앞선 특허 신청을 보강하기 위해 사용된다. 보통 특허 신청일을 확보하기 위해 특허를 신청해 놓고 1년 이내에 보강된 특허를 다시 신청한다.

특허를 신청한 후 심사를 받아야 특허가 등록된다. 그러나 특허를 신청한다고 해서 특허청에서 모두 심사하는 것은 아니다. 별도로 심사 청구를 해야만 특허청 심사관이 심사를 진행하게 된다. 이를 심사청구제도라 한다. 심사청구제도는 미국을 제외하고 한국, 일본, 중국, 유럽 등이 가지고 있는 제도이다. 특허를 신청한다고 모든 신청인이 심사받기를 원하는 것은 아니라는 차원에서 이러한 제도가 만들어졌다.

특허에 대한 심사는 청구한 순서에 따라 차례차례 진행된다. 하지만 심사 청구 순서에 상관없이 다른 사람보다 먼저 심사를 진행해 달라고 신청할 수도 있다. 이를 우선심사제도라고 한다.

새치기처럼 보이지만, 우선심사제도는 신청인의 사정에 따라 빨리 특허를 등록받고 싶은 신청인이 있기 때문에 존재한다. 강신기 사장의 첫 제품은 2003년 9월에 완성되었다. 제품 탄생이 임박했기 때문에 우선 심사를 신청한 것으로 추정된다. 우선 심사 덕분에 에스보드 제품이 탄생한 2003년 9월보다 이른 2003년 8월에 특허가 등록되었다.

특허 등록은 제품 출시 시기를 고려하여 진행해야 한다. 특허 신청일이 일단 확보되었다면, 차단효가 발생하여 다른 사람이 모방하거나 특허를 신청할 수 없다. 특허의 신청은 먼저 진행해야 하지만, 특허의 심사와 등록은 반드시 먼저 진행할 필요가 없다. 시기 조율이 가능하다면 제품 출시 직전에 특허를 등록시키는 것이 가장 바람직하다. 즉, 특허를 무조건 빨리 등록시키는 것만이 능사는 아니다. 특허가 빨리 등록되는 경우보다 오히려 제품이 출시된 후에 특허를 등록시키는 편이 낫다. 특허가 등록되면 청구항(특허로 보호받기 위해 기재한 사항)이 확정되고, 이에 대한 정정은 제한되어 있기 때문이다. 만일 제품에 적용되는 기술이 정해지지 않은 상황에서 특허가 등록되면 제품과 무관한 특허가 등록되어 그 특허권은 무용지물이 될 수도 있다. 제품과 맞지 않는 특허권은 불필요하다. 따라서 특허 등록 절차는 제품 개발 과정과 발맞추어 진행해야 한다. 이제 우리는 특허등록번호나 특허증에 만족하지 말고, 특허의 실제 권리와 제품의 정합성을 따져 보아야 한다.

- 공지 행위 전에 시간이 부족하다면 임시적으로 특허를 신청하여 특허 신청일을 확보하자.

- 특허 신청일은 국내와 해외 우선권의 기초가 되며, 우선권은 앞선 특허 신청일을 기준으로 특허성을 판단해 달라고 주장하는 권리이며, 자신이 특허를 받을 수 있는 우선적 자격이 있음을 표시한다.

- 한국의 '임시 명세서'는 한국어 또는 영어로 된 문서를 형식에 상관없이 제출할 수 있다.

- 임시 명세서를 제출한 후 완전한 특허 명세서를 작성하여 국내우선권을 주장하면서 특허를 다시 신청하는 절차가 일반적이다.

- 한국에서 임시 명세서와 완전한 명세서가 제출된 경우, 해외 특허는 2개 이상의 복합우선권을 주장해야 한다.

- 초기 아이디어를 임시 명세서로 제출하여 특허 신청일을 선점할 수 있고, 국제적인 경쟁에서 앞서 나갈 수 있다.

- 임시 명세서는 연구 개발 단계에 맞추어 여러 번 진행한 후, 최종적으로 완성된 특허를 신청할 수 있다.

- 먼저 특허를 신청한 자를 보호하는 '선출원주의'는 지식재산 전반에 적용되는 원칙이다.

- 상표는 창작이 아닌 선택으로 취급되므로, 국내와 해외에서 상표를 선점당하지 않도록 주의해야 한다.

- 특허의 신청과 다르게 특허 심사와 등록은 신속하게 진행할 필요가 없으며, 제품과 일치하는 청구항이 등록될 수 있도록 시기를 조율해야 한다.

05
다이슨, 강한 특허로
혁신 제품을 지켜 내다

▼

선풍기에 날개를 사용하는 방식을 127년간 유지했기 때문에 다이슨은 이를 혁신의 대상으로 삼았다. 이러한 사고방식은 익숙한 것을 다른 시각에서 접근했으니 높이 평가할 만하다. 선풍기에서 날개를 없앴다는 건 정말 멋진 일이 아닐 수 없다. 역시 다이슨이 영국의 스티브 잡스로 불릴 만하다.

다이슨, 한국에서 날개 없는 선풍기에 대한 특허권을 확보하다

날개 없는 선풍기는 '에어 멀티플라이어(Air Multiplier)'라는 이름으로 2009년 출시되었다. 에어 멀티플라이어는 주변의 공기를 끌어들여 유입되는 바람의 15배 정도까지 배출되는 바람을 증폭한다는 의미이다. 다이슨은 '에어 블레이드'라는 손 건조기를 개발하였는데, 손 건조기의 강한 바람을 일으키는 원리를 선풍기에 적용해 보자는 제안에서 날개 없는 선풍기가 개발되었다고 한다.

이런 혁신 제품이 등장하면 모조품 또한 우후죽순처럼 출현할 수밖에 없다. 이럴 때 혁신 제품을 보호하는 것은 바로 특허권이다. 혁신에 따른 특허 분쟁의 과정에, 다이슨 선풍기에 대한 특허 무효심판과 권리범위확인심판이 제기되었으나, 다이슨이 모두 승소하였다. 결국 다이슨은 강력한 특허권으로 혁신 제품을 지킬 수 있었다.

다이슨의 등록특허는 제10-1038000호이다. 더 많은 특허가 존재하겠지만, 다이슨의 핵심적인 특허이므로 이 특허를 중심으로 분쟁이 일어났다. 다이슨의 특허 등록이 어떤 과정을 겪었는지 살펴보자.

다이슨의 특허 등록 과정

다이슨은 날개 없는 선풍기에 관한 발명을 먼저 영국에 특허를 신청했다. 2009년 10월에 제품을 출시하기 전에 특허 신청이 이루어졌다. 영국 특허 신청을 기초로 국제특허 신청도 2009년 8월에 제출하였다. 이후 국제특허 절차에 따라 2011년 3월 한국에 진입하여 2개월여 만에 특허를 등록받았다. 소비자의 반응과 모조품의 등장 등 여러 상황을 고려하여, 다이슨은 신속하게 한국 특허권을 확보하였다.

모든 국가에서 통용되는 세계 특허는 존재할까?

다이슨은 날개 없는 선풍기에 관한 발명을 영국에 먼저 특허를 신청했지만, 한국에서 특허권을 행사하기 위해서 한국에 특허를 등록하였다. 이를 소위 '특허 독립의 원칙'이라고 한다. 각국의 특허는 서로 독립적으로 효력을 발생시키므로 나라마다 특허를 별도로 등록하여야 한다. 즉, 모든 국가에 통용되는 세계 특허는 존재하지 않는다. 예를 들어 한국과 미국에서 특허를 등록받았으나, 다른 사람이 동일한 기술을 사용하여 중국에서 제품을 생산하여 중국에서 판매하고 있다면 제재할 수 있는 방법이 있을까? 중국에는 특허권이 없으므로 제재할 수 있는 방법이 없다. 따라서 국내 시장을 넘어 글로벌 시장에서 경쟁하려면 해외 특허 신청 및 등록이 불가피하다.

특허 독립의 원칙을 고려하여 전 세계에 특허를 신청해야 할까? 이는 경영적 판단과 산업 분야에 따라 다르다. 의약품과 같이, 물질에 관한 특허 1건으로 사업을 보호하고 전 세계에 독점적으로 판매하기 위해서는 전 세계적으로 특허권을 확보할 필요가 있다. 하지만 전자 제품과 같이 관련 특허가 수없이 나오는 경우에는 전 세계에 특허를 신청하게 되면 그 비용조차도 기업이 감당할 수 없게 된다. 따라서 필요한 주요 국가에만 선택적으로 특허를 신청해야 한다.

일반적으로 기업은 특허 신청이 필요한 주요 국가를 어떻게 결정할까? 당연히 제품의 주요 소비 시장에 해당되는 국가에 특허를 신청해야 한다. 일반적으로 미국, 중국, 유럽, 일본, 인도 등이 중요한 소비 국가다. 그리고 특허 분쟁에 대비하여 특허 분쟁이 일어날 가능성이 높은 국가에 특허를 신청한다. 또한 경쟁 회사의 제품 생산 국가 또는 모조품이 생산되는 국가에 특허를 신청할 수 있다. 이러한 요소들을 고려하여 한국 기업은 미국에 특허를 신청하는 경우가 많으며, 중국에도 상당한 특허를 신청하고 있다. 그 외에 한국 기업에게 중요한 국가는 유럽, 일본, 인도 등이 있다.

특허 독립의 원칙상, 해외 특허권을 취득하기 위하여 해외 특허를 신청해야 한다. 하지만 해외 특허 신청은 각국의 언어와 제도의 차이로 일정한 시간이 소요된다. 국내 특허 신청과 해외 특허 신청의 중간 시점에 다른 사람이 먼저 특허를 신청하거나 발명을 공지하는 경우, 어쩔 수 없이 불이익을 받게 된다. 이러한 불이익을 해소시키는 방안이 '파리조약에 의한 우선권 주장'이다. 세계 대부분의 국가가 파리조약에 가입하였으며, 국내 특허 신청일로부터 1년 내에 우선권을 주장하면서 해외 특허를 신청할 경우 불이익을 주지 않기로 합의하였다. 거의 대부분의 해외 특허 신청은 파리조약에 의한 우선권 주장을 이용하고 있다. 예를 들어, 한국에 특허 신청 후 1년 내에 우선권을 주장하면서 미국에 특허를 신청한다.

만일 한국에 특허를 신청한 후 1년이 지났는데, 해외에 특허를 신청해야 하는 경우가 발생했다면 어떻게 해야 할까? 우선권 주장 기한인 1년이 지났으므로 해외에 특허를 신청할 수 없을까? 우선권 주장이란 한국 특허의 신청일과 해외 특허의 신청일 사이에 발생한 일과 상관없이 한국 특허의 신청일을 기준으로 해외 특허를 심사한다는 의미이다. 따라서 한국 특허를 신청하고 제품 판매 등 공지 행위가 전혀 없었다면 해외 특허를 신청하는 데 아무런 문제가 없다. 다만 우선권 주장을 할 수 없으므로 해외 특허의 신청일을 기준으로 해외 특허를 심사할 뿐이다. 실제 여러 이유로 이런 경우가 발생한다. 우선권 주장 기한이 1년이라는 점만 기억하고, 해외 특허를 진행하지 않는 실수를 하지 않아야 한다. 그렇다고 언제든지 해외 특허를 신청할 수 있는 것은 아니다. 한국 특허의 신청이 1년 6개월 경과하여 '출원공개' 되면 발명이 더 이상 새롭지 않게 되므로, 해외 특허를 신청해서는 안 된다.

다이슨은 영국 특허 신청을 기초로 우선권을 주장하면서 1년 내 국제특허 신청을 제출하였다. 국제특허 신청은 특허협력조약(PCT: Patent Cooperation Treaty)에 의한 특허 신청이다. 2013년 특허협력조약에 가입한 국가는 148개국에 이른다. 특허협력조약은 파리조약을 발전시킨 방식이다. 파리조약에 의한 우선권 주장을 이용한다고 하더라도 전 세계에 특허 신청일을 확보하는 것은 결코 쉬운 일이 아니다. 각국의 언어와 제도에 맞게 국가마다 특허를 신청해야 하기 때문이다. 국제 특허 신청은 148개국에 특허 신청일을 쉽게 확보할 수 있는 방안이다. 국제특허가 한번 신청되면 각국에 특허를 신청한 것으로 인정해 준다. 다이슨은 영국 특허 신청을 기초로 국제특허를 신청함으로써 세계 각국에 특허를 신청한 효과를 얻었다.

'국제 특허'라는 용어가 사용됨으로써 가끔 오해를 빚기도 한다. 아직까지는 국제적으로 특허를 등록받는 제도는 존재하지 않으며, 국제특허 '신청'만 있고 국제특허 '등록'은 없다. 그래서 세계 특허는 없다고 말한다. 국제특허 신청은 전 세계적으로 동시에 특허 신청일을 확보하는 것이며, 심사 및 등록은 각국의 절차에 따라야 한다. 다이슨도 한국에서 특허권을 확보하기 위하여 한국 특허청에 심사 및 등록 절차를 진행하였다. 따라서 국제특허 신청은 제한적으로 이용된다. 개별 국가를 바로 결정할 수 있다면, 국제특허를 신청할 필요가 없다. 또한 대만은 국제 조약에 가입할 수 없으므로 국제특허를 신청하더라도 대만은 별도로 특허를 진행해야 한다. 국제특허는 화학 분야와 같이 물질 특허 1건으로 전 세계에 특허권을 확보할 필요가 있는 경우 또는 추후 해외 국가를 결정해야 하는 경우에 주로 이용된다. 예외적인 상황으로 우선권 기한이 촉박한데 번역 등 준비 시간이 부족한 경우, 한국 특허청에 한국어로 국제특허를 신청하는 경우도 있다.

다이슨은 한국 특허청에 한글 번역문을 제출하는 동시에 심사를 청구하였다. 특허청에 특허를 신청하면 심사를 받는 것이 당연한 것처럼 여겨진다. 하지만 각 나라마다 다르다. 심사를 먼저 진행하고 등록시키는 나라도 있고, 심사 없이 특허를 등록시키는 나라도 있다. 한국, 미국, 일본, 유럽, 중국 등 대부분의 국가는 심사 후 특허를 등록시키는 '심사주의'를 채택하고 있다. 심사주의를 채택하더라도 특허청에서 신청된 모든 특허를 심사하지 않는다. 각 특허 신청인마다 처한 상황이 다르고 심사 결과를 받고 싶지 않은 사람도 있기 때문에 심사를 선별적으로 진행할 필요가 있다. 이에 한국, 일본, 유럽, 중국은 심사청구제도를 운용하고 있다. 앞에서 이미 설명한 바와 같이 심사청구제도란 특허청에 심사를 진행해 줄 것을 일정 기간 내에 요청하는 것을 말한다. 한국, 중국, 일본의 심사청구기간은 특허 신청일로부터 3년으로 제한된다. 미국은 심사청구제도가 없기에 특허가 신청되면 모두 심사를 진행한다.

이러한 제도의 차이는 기업의 전략으로 활용되기도 한다. 동일한 발명에 대해 한국, 미국, 일본, 중국에 특허를 신청한 경우, 미국의 심사 결과를 지켜보면서 다른 국가의 특허에 대하여 심사청구를 진행할 것인지 판단한다. 만일 미국의 특허 심사 결과, 선행 기술 때문에 특허를 받을 수 없다면 다른 국가의 특허 심사를 진행할 필요가 없다. 다른 국가에서도 동일한 선행 기술에 의하여 거절될 것이며, 혹시라도 심사관이 간과하여 특허가 등록된다고 하더라도 추후 무효가 되기 때문이다.

다이슨은 2011년 3월 17일에 심사를 청구하였지만, 이와는 별도로 2011년 3월 25일에 우선 심사를 신청했다. 심사를 청구하면 특허청은 심사를 청구한 순서에 따라 심사를 진행한다. 공평하고 합리적이지만 이러한 순서에만 따른다면 심사 순서를 기다리는 데 1년 이상 시간이 걸린다. 짧은 시간 내에 심사받기를 원한다면 심사 청구 한 순서에 관계없이 먼저 심사해 달라고 신청해야 한다. 이것이 앞에서 설명한 '우선심사제도'이다.

특허청에 따르면 다이슨은 우선심사제도 중에서 '특허심사 하이웨이(Patent Prosecution Highway, PPH)'를 이용하였다. 특허심사 하이웨이란, 먼저 심사한 국가에서 특허가 가능하다는 판단을 받으면 다른 국가에서 이러한 결과를 참조하여 조기에 심사를 완료하는 제도를 말한다. 동일한 발명이 이미 영국에서 심사된 만큼이 결과를 활용할 수 있다면 한국에서 특허 심사의 효율성을 높일 수 있다. 이러한 특허 절차 덕분에 다이슨은 한국에 진입한 지 20여 일 만에 특허 등록이 결정되었다. 눈 깜빡할 사이에 등록이 결정된 셈이다. 한국뿐만 아니라 미국, 일본, 중국, 호주 등에서도 동일한 절차를 밟아 신속하게 등록을 받았다.

특허무효심판에서 진보성을 인정받다

특허청에 따르면 날개 없는 선풍기가 한국에 정식 수입 되기도 전에 유명 인터넷 쇼핑몰에서 값싼 중국제 모조품들이 정가의 20% 정도의 가격(정품 약 40만 원, 모조품 약 8만 원)으로 버젓이 팔리고 있었다. 혁신적인 제품이 출현하면 모조품이 대거 쏟아져 나오면서 저가로 판매된다. 이에 대해 다이슨이 특허를 등록하고 특허권을 행사하자 상대 회사들은 특허무효심판을 제기하게 된다. 이러한 일련의 과정은 일반적인 현상이다.

　'특허무효심판'이란 일단 유효하게 등록된 특허에 대하여 특허권의 효력을 소급하여 상실시키는 것을 말한다. 특허무효심판에서는 심사 과정과 유사하게 특허성에 관한 문제가 다루어진다. 특허를 받기 위해서는 발명이 새로워야 하며, 선행 기술로부터 쉽게 생각할 수 없는 것이어야 한다. 전자는 '신규성'이라 하고, 후자는 '진보성'이라고 부른다. 발명이 새롭지 않을 정도로 선행 기술과 완전히 동일한 경우는 드물며, 대부분 심사 과정이나 무효심판에서 '진보성'이 있는지가 다루어진다. 진보성의 판단 방법은 일률적으로 말하기 어렵다. 오히려 우리는 다이슨의 무효심판에서 진보성을 어떻게 판단했는지 살펴보면 쉽게 이해할 수 있다. 기술적 이해를 위해 날개 없는 선풍기에 대한 발명을 공기의 흐름에 따라 개념적으로 나타내면 다음 그림과 같다.

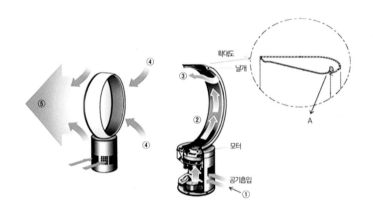

공기의 흐름에 따른 날개 없는 선풍기의 원리
출처: 특허청 보도자료(2012년 2월 17일)

다이슨 특허 발명의 주요 특징은 단순히 선풍기에 날개가 없다는 것이 아니라 노즐의 표면에 있다. 노즐의 표면이 '디퓨저부'와 '가이드부'로 구성되어 있음을 청구항에서 분명히 밝히고 있다. 다음 그림에서 바람의 방향은 왼쪽에서 오른쪽으로 흘러나간다. 즉, 마우스부에서 방출된 공기 유동은 디퓨저부와 가이드부의 표면을 따라 유동하여 사람에게 도달한다. 디퓨저부는 마우스부에서 배출된 공기가 서서히 확장되어 와류가 발생되는 것을 방지하여 공기의 흐름을 안정화시킨다. 가이드부는 사람에게 집중되도록 하여 냉각 효과를 개선시켜 준다. 가이드부가 없다면 디퓨저부를 따라 공기가 계속 퍼져 나갈 것이다.

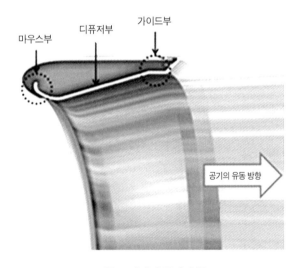

노즐 표면에서 공기 유동
출처: 다이슨 코리아 홈페이지

무효심판의 심결문을 살펴보면, 이 특허에 앞선 선행 기술은 다음 그림과 같은 일본 특허(소화 56-167897호)로써 1981년에 세상에 공개되었다. 이렇게 오래전부터 날개 없는 선풍기에 대한 개념을 생각했다니 놀랍다. 다만, 일본 특허에서는 마우스부에 대한 내용만 있을 뿐 '디퓨저부' 및 '가이드부'에 대한 내용은 없다.

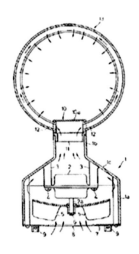

일본 특허 도면

특허심판원(2011당1626)은 다이슨 특허의 진보성에 대하여 다음과 같이 판단했다.

일본 특허는 디퓨저부와 가이드부에 대응되는 구성이 개시되어 있지 않으므로 양 발명은 구성의 차이가 있고, 이로 인해 디퓨저부를 거치면서 유동이 안정되고 가이드부를 거치면서 유동이 집중되도록 함으로써 소음을 줄이고 안정된 기류를 넓은 범위에 걸쳐 보낼 수 있도록 되어 있는 반면, 일본 특허의 발명은 고속으로 배출되는 기류가 그대로 배출되므로 소음이나 불안정한 기류가 발생될 우려가 크고, 바람이 도달하는 범위도 특허 발명에 비하여 좁아질 수밖에 없게 되어 양 발명은 작용 효과 또한 차이가 있다.

발명이 새롭다(신규성)는 전제에서 진보성을 판단한다. 신규성은 선행 기술과 비교할 때 새로운 구성이 있다면 인정된다. 만일 발명의 구성이 선행 기술과 같다면 그 기술적 효과도 같을 수밖에 없다. 선행 기술(일본 특허)에 디퓨저부와 가이드부가 개시되지 않아 다이슨의 발명은 신규성이 인정된다. 이제 신규성이 있다는 전제에서 선행 기술로부터 쉽게 생각할 수 있는지 따져보아야 한다. '쉽게 생각할 수 있는지 여부'는 너무 추상적인 개념이고, 논리적 판단도 어렵다. 오히려 차이가 있는 구성에 의하여 발생하는 작용 또는 효과가 있다면, 쉽게 생각할 수 없다고, 즉, 진보성이 있다고 판단할 수 있다.

다이슨의 특허 발명에서 '디퓨저부' 및 '가이드부'는 선행 기술과 분명히 차이가 있고 고유의 작용과 효과도 있기 때문에, 선행 기술로부터 '디퓨저부' 및 '가이드부'를 쉽게 생각해 낼 수 없다. 따라서 날개 없는 선풍기는 실제로 '선풍기에 날개가 없다'는 이유로 특허를 받은 것이 아니라, 공기가 배출되는 표면의 특유한 구성 때문에 특허를 받았다.

발명의 진보성을 판단할 때, 1개의 선행 기술만 비교하지 않고 여러 개의 선행 기술을 조합할 수 있다. 예를 들어 밑판, 다리, 등받이, 팔걸이로 구성된 의자를 발명했다고 가정해 보자. 첫 번째 선행 기술은 밑판, 다리, 등받이로 구성된 의자이고 두 번째 선행 기술은 팔걸이가 결합된 책상이라면, 두 개의 선행 기술을 조합하여 쉽게 생각할 수 있다고, 즉, 진보성이 없다고 판단할 수 있다. 그렇다고 너무 많은 선행 기술을 조합해야만 발명의 구성을 모두 추출할 수 있다면 발명을 쉽게 생각하기 어렵다는 반증이 된다. 보통 진보성을 부정하기 위한 선행 기술은 3~5개를 인용한다.

결국 다이슨은 무효심판에서 발명의 진보성을 다시 확인받았다. 특허 등록이 유효하게 존속하므로 시장에서 모조품이 더 이상 버틸 명분이 없었다. 모조품들이 계속 판매된다면 민사상 또는 형사상 법적 조치가 취해지기 때문이다. 다이슨의 신속하고 영리한 권리 확보와 분쟁 대응은 혁신적인 제품을 지켜 내기에 충분했다. 글로벌 시장에 진출하려는 우리 기업들이 참조할 만한 모범 사례이다. 우리 기업도 한국 특허뿐만 아니라 해외 특허도 반드시 확보해 두어야 한다. 또한, 제품에 잘 들어맞는 특허권이 있을 때 모조품을 막아내고 시장을 지켜 낼 수 있다.

- 각국의 특허는 서로 독립적으로 효력을 발생하므로, 나라마다 특허를 별도로 등록하여야 한다.

- 특허 신청이 필요한 국가는 주요 소비 시장과 특허 분쟁 가능성을 고려하여 선택하며, 한국 기업은 미국, 중국, 유럽, 일본 등에 해외 특허를 신청하고 있다.

- 한국 특허 신청일로부터 1년 내에 우선권을 주장하면서 해외 특허를 신청하면, 우선권 기간 내에 발생한 일로 불이익을 받지 않는다.

- 해외 특허 신청을 위한 우선권 기한(1년)이 경과했다면 우선권 주장 없이 해외 특허를 신청할 수 있는지 검토하고, 한국 특허의 '출원공개' 전에 해외 특허를 신청해야 한다.

- 국제특허 신청은 세계적으로 동시에 특허 신청일을 확보하는 방법이지만, 국가마다 특허 심사와 등록 절차를 밟아야 한다.

- 특허를 신청한 후 3년 내에 '심사청구'를 제출해야만 심사가 진행되며, 심사 청구 제도가 없는 미국의 심사 결과에 따라 한국, 중국, 유럽, 일본 특허에 대해 '심사 청구'를 제출하는 전략을 사용할 수 있다.

- 심사 청구 한 순서에 관계없이 신속하게 심사를 받기 원한다면 '우선 심사'를 신청해야 한다.

- 특허가 등록된 후 특허권을 행사하면 상대방은 특허등록무효심판을 청구할 수 있다.

- 신규성은 선행 기술과 비교하여 새로운 구성이 있다면 인정되며, 신규성이 있다는 전제에서 진보성을 판단한다.

- 진보성은 신규성과 다르게, 여러 개의 선행 기술을 조합하여 판단할 수 있으며, 선행 기술과 차이가 있는 구성이 고유의 작용과 효과가 있어야 인정받을 수 있다.

06
아마존, 악명 높은
'원클릭' 특허를 인정받다

원클릭 기술이 특허로 등록되자, 사람들은 비독창적인 소프트웨어 특허라며 비판하였다. 이런 비판의 구체적인 이유는 원클릭 특허가 온라인 서점에만 이용되는 것이 아니기 때문이다. 즉, 원클릭 특허는 모든 온라인 결제에 이용할 수 있다. 온라인 결제 시스템을 도입하려는 회사 입장에서 원클릭 특허는 끔찍한 존재였지만, 소비자들은 편리한 원클릭 기능 때문에 아마존을 점차 이용하게 되었다.

아마존, '원클릭' 특허로 온라인 서점의 장벽을 구축하다

아마존(Amazon)이라는 회사는 세계적으로 잘 알려진 다국적 기업이다. 제프 베조스(Jeff Bezos)는 인터넷의 폭넓은 활용 가능성에 주목하고, 온라인 서점으로 사업을 시작하였다. 아마존의 온라인 서점을 떠올리면 다음과 같은 원클릭 기술이 떠오른다. 원클릭 기술이란 한 번의 클릭에 의하여 미리 저장해 둔 정보들을 이용하여 주문을 완료하는 것을 말한다.

원클릭 결제 화면
출처: 아마존 홈페이지

아마존의 온라인 서점에 맞서 거대 서점인 반스앤드노블 (Barnes & Noble)은 원클릭이 아닌 투 클릭 방식의 결제 시스템을 도입하였다. 이 시스템은 고객이 구매를 확정하기 위해 두 번 클릭하는 방식으로, '익스프레스 레인(Express Lane)'이라고 불렀다. 하지만 두 번째 버튼을 추가한 것으로 아마존의 특허를 피하진 못했다. 원클릭 특허가 등록된 지 한 달도 되지 않아 아마존은 당시의 거대 서점인 반스앤드노블을 제소했다. 1999년 12월 법원은 원클릭 특허를 인정하면서 반스앤드노블에게 익스프레스 레인을 사용하지 못하도록 가처분 명령을 내렸다. 2002년 아마존이 소송을 취하하면서 법정 공방은 막을 내렸지만, 반스앤드노블은 원클릭 특허로 인해 치명상을 입었다. 결국 아마존의 원클릭 특허의 위력만 확인해 준 셈이다.

기발한 비즈니스 방법으로 사업이 번창하다가 후발 주자나 대형 기업 때문에 사업을 망치는 경우를 볼 수 있다. 자신의 사업 아이템 또는 비즈니스 방법을 지식재산권으로 보호하지 않으면 유사 상품이나 서비스가 생겨남으로써 비즈니스 자체가 크게 흔들릴 수 있다. 아마존의 원클릭 특허는 이러한 측면에서 시사하는 바가 크다. 아마존이라는 신생 기업이 반스앤드노블의 시장 진입을 막을 수 있는 무기는 특허였다. 아마존의 원클릭 특허는 온라인 서점의 진입 장벽을 만들었고, 사업의 경쟁력을 확보하는 원동력으로 작용했다. 특허 제도는 대형 기업이 가지고 있던 경쟁력을 약화시키고 신생 기업이 성장할 수 있는 원동력을 제공한다. 창업자나 벤처기업이라면 비즈니스 방법과 관련된 특허가 유용할 수 있다. 기존 기업에 대항할 수 있는 방법이 마땅치 않은 상황에서 비즈니스 방법과 관련된 특허는 소비자를 유인하는 데 큰 도움이 된다.

비즈니스 방법, 특허로 인정할 것인가?

원클릭 특허는 한 번의 클릭으로 물건을 주문한다는 비즈니스 모델을 소프트웨어로 구현했다는 것이 골자다. 이 비즈니스 방법은 특허받을 만한 것인가? 비즈니스 방법은 하나의 경제법칙으로 인식되어 특허의 대상이 아니라는 것이 전통적인 관념이었다. 인터넷이 등장하자 상거래 방식이나 비즈니스의 패러다임이 급변하는 시대적 흐름을 맞이하였다. 이후 인터넷에서 비즈니스 방법을 구현하는 것이 과연 특허의 대상인지 논란이 이어졌다. 비즈니스 방법 관련 특허는 정보 통신 기술과 비즈니스 방법이 결합된 형태다. 전통적인 관점에서 정보 통신 기술은 특허의 대상이지만, 비즈니스 방법은 특허의 대상이 아니다. 그렇다면 이들이 결합된 형태는 특허의 대상인가, 아닌가?

비즈니스 방법 특허의 개념

특허법상 비즈니스 방법이 특허의 대상이 되려면 산업상 유용해야 한다. 따라서 비즈니스 방법의 최종 결과물이 유용하고, 구체적이며, 실체적인지 여부가 문제된다. 특허의 대상인지 여부에 대하여 논란이 계속 이어지다가, 1998년 미국에서 펀드 운용과 관련된 특허의 유효성 여부를 다툰 스테이트 스트리트(State Street) 사건을 계기로 비즈니스 방법은 특허의 대상으로 인정되었다. 추상적인 비즈니스 방법 그 자체에 특허를 주는 것이 아니라, 기업

에서 구체적으로 비즈니스에 유용하게 사용되기 때문에 그 결과
물에 특허를 부여할 수 있다는 논리다. 이러한 결론은 시대적 흐
름에 따른 불가피한 결과로, 세상이 변하자 인터넷 상거래 관련
아이디어를 특허로 보호하여 혁신 기업이 성장할 수 있도록 돕자
는 취지이다. 따라서 비즈니스 방법을 소프트웨어와 하드웨어로
구현한 결과를 명시한다면 특허로 등록받을 수 있다.

악명 높은 원클릭 특허의 실체를 들여다보자. 미국특허 'US
5,960,411'으로, 1997년 신청되어 1999년 등록되었다.

원클릭 특허 청구항

A method of placing an order for an item comprising:

under control of a client system,

> displaying information identifying the item purchasable through a shopping cart model; and in response to only a single action being performed, sending a request to order the item along with an identifier of a purchaser of the item to a server system;

under control of a single-action ordering component of the server system,

> receiving the request; retrieving additional information previously stored for the purchaser identified by the identifier in the received request; and

generating an order to purchase the requested item for the purchaser identified by the identifier in the received request using the retrieved additional information; and

fulfilling the generated order to complete purchase of the item

whereby the item is ordered without using the shopping cart model.

고객 시스템의 제어 아래,

> 쇼핑 카트 모델을 통하여 구매할 수 있는 물품을 확인하는 정보를 표시하는
>
> 단계, 수행된 단 한 번의 행위에 반응하여, 물품 구매자의 식별 정보에 따라
>
> 물품을 주문하는 요청을 서버 시스템에 보내는 단계,

서버 시스템의 한 번의 행위에 의한 주문 요소의 제어 아래,

> 상기 요청을 수신하는 단계, 상기 수신된 요청에서 식별 정보에 의하여 확인
>
> 된 구매자에 대해 이전에 저장된 부가 정보를 검색하는 단계,

상기 검색된 부가 정보를 이용하여 상기 수신된 요청에서 식별 정보를 확인한 구

매자의 요청된 물품을 구매하는 주문을 생성하는 단계,

상기 생성된 주문을 수행하여 물품의 구매를 완료하는 단계를 포함하되,

상기 물품은 쇼핑 카트 모델을 이용하지 않고 주문되는 것을 특징으로 하는 물품

을 주문하는 방법.

특허의 청구항에서 원클릭 기술을 잘 설명해 주고 있다. 한 번
의 클릭에 의하여 소비자의 식별 정보(identifier)에 따라 물건을
주문하는 요청을 받고, 이전에 저장해 둔 정보들을 이용하여 주
문을 완료하는 기술이다. 온라인 서점에 대한 한정적 내용이 기
재되어 있지 않기에 원클릭 특허는 온라인 서점뿐만 아니라 모
든 온라인 구매 시스템에 적용할 수 있었다. 특허 청구항에 기재
된 것처럼 한 번의 행위(single action)에 의하여 구매 정보를 받아
이전의 저장 정보를 이용하기만 하면 특허 침해가 성립한다. 다
른 회사의 입장에서 원클릭 특허가 끔찍할 수밖에 없는 이유이기
도 하다. 특허권의 권리 범위가 상당히 광범위하였다. 모든 온라

인 판매 회사가 어떤 방식으로 원클릭 기술을 구현하든지 상관없다. '원클릭 기능'을 사용하면 특허 침해를 피할 수 없게 된다. 이를 입증하는 사례가 있는데, 그 주인공은 애플이다. 2000년, 애플은 아마존으로부터 라이선스를 받아 아이튠즈(iTunes) 스토어에 원클릭 기술을 활용했다. 원클릭 특허의 광범위한 적용이 현실화되었다.

비즈니스 방법 특허는 어떤 과정을 거쳐 특허를 받을 수 있는 것일까? 먼저, 비즈니스 방법은 소프트웨어로 구현된다. 이 소프트웨어가 실현되는 수단은 하드웨어다. 하드웨어는 휴대폰, 컴퓨터, 서버 등의 정보 통신 기술을 의미한다. 비즈니스 방법은 하드웨어라는 수단을 이용하여 구체적인 결과물을 도출한다. 구체적인 결과물은 기업이나 산업에서 유용하게 사용되므로 특허의 대상이 된다. 결국 비즈니스 방법에 관한 특허는 비즈니스 방법을 하드웨어와 결합하여 구체화했다는 것을 청구항에 표현함으로써 특허가 가능하다. 원클릭 특허의 청구항을 살펴보자. 원클릭 결제라는 비즈니스 방법을 클라이언트 시스템과 서버 시스템과 결합하여 구체화하였다. 비즈니스 방법을 이런 방식으로 청구항에 기재했기 때문에 특허의 대상으로 인정되었다. 비즈니스 방법 관련 특허가 한때 유행처럼 번질 때, 혹자는 비즈니스 방법 자체가 특허받을 수 있다고 오해하기도 하였다. 비즈니스 방법 자체는 추상적인 아이디어에 불과하므로 특허의 대상으로 인정되지 않는다. 유용하고 구체적이며, 실체가 있는 결과물이 아니기 때문이다.

아마존의 입장에서 보면 사용자의 편의성을 위하여 개발한 원 클릭 기술을 보호받지 못했다면 어떤 결과가 나올까? 아마존의 혁신적인 아이디어는 다른 회사들에 의하여 모방되고, 결과적으로 아마존의 노력과 투자는 물거품이 된다. 이것이 바로 비즈니스 방법이 특허로 존재하는 이유다.

원조 SNS 싸이월드, '미니룸' 서비스는 특허로 등록되었을까?

이제 페이스북이나 트위터는 일상생활이 되었다. 페이스북이나 트위터는 사람들 사이의 관계를 구축해 주는 온라인 서비스다. 소위 소셜 네트워크 서비스(Social Network Service)이다. 이 소셜 네트워크 서비스의 원조는 대한민국의 '싸이월드'라 할 수 있다. 2004년 당시 싸이월드 가입자는 1,000만 명을 돌파했고, 20대 초반의 인터넷 사용자의 91% 이상이 정기적으로 방문하는 등 선풍적인 인기를 얻고 있었다. 싸이월드가 시대의 아이콘이 된 이유는 미니룸 서비스 때문이다. 미니룸은 아바타뿐만 아니라 방의 가구 등을 꾸밀 수 있기 때문에 사람들의 감성을 자극하는 서비스로 폭발적인 인기를 얻었다. 그 당시 싸이월드에서 사용된 '도토리'라는 용어가 생각난다. 도토리는 싸이월드에서 사용되는 일종의 전자화폐의 이름이다. 미니룸을 꾸미기 위해서 사용자는 도토리로 아이템을 구매하였다.

미니룸 서비스는 특허로 등록받을 수 있는 비즈니스 방법이다.

비즈니스 방법을 하드웨어로 구현했기 때문이다. 싸이월드가 특허를 어떻게 진행했는지 알아보자. 싸이월드는 2002년 4월 '인터넷 커뮤니티상의 미니룸 서비스 관리 방법 및 시스템'이라는 특허를 신청하였다. 한국 특허신청번호는 10-2002-0021391호이다. 이 특허의 청구항은 다음과 같다.

싸이월드의 특허 청구항

온라인 커뮤니티 공간에서 회원 자신을 개인 방 형태로 표현하는 미니룸을 미니룸 저장 공간(10)에 자동 생성 하는 미니룸 자동 생성 단계와,

상기 미니룸을 회원의 특성에 맞게 꾸미도록 가구 저장공간(30)에 전시된 가구가 회원들에 의해 선택되어지면, 구매 선택된 상기 가구를 미니룸 가구 저장 공간(20)에 저장하는 미니룸 가구 저장 단계와,

상기 미니룸 가구 저장 공간(20)에 등록된 상기 가구를 해당 회원의 미니룸의 원하는 위치에 지정되면 회원의 미니룸 저장 공간(10)에 배치하는 가구 배치 단계를 갖는 인터넷 커뮤니티상의 개인 방 형태의 미니룸 생성 및 관리방법.

싸이월드의 특허 신청은 2004년 11월 특허청의 심사에서 거절 결정이 되었다. 이 결정에 불복하여 특허심판원, 특허법원, 대법원까지 소송이 진행되었지만 결국 2008년 거절 결정이 대법원에서 확정되었다. 그 이유는 소프트웨어에 의한 정보 처리가 하드웨어를 이용하여 구체적으로 실현되지 않았기 때문이다. 특허 청구항에 비즈니스 방법을 실현하는 하드웨어를 구체적으로 기재해야만 비즈니스 방법이 특허로서 인정받을 수 있다. 반면 청구항

에 하드웨어를 구체적으로 기재하지 않으면 비즈니스 방법 그 자체만 남게 된다. 즉, 소프트웨어와 하드웨어가 어떻게 협동함으로써 발명의 목적을 달성하는지에 대하여 구체적이고 명확하게 기재해야 한다. 이러한 측면에서 싸이월드의 특허 청구항은 부족한 점이 많았다. 특허법원의 판결(2005허11094)에 따르면, 서비스 제공자 서버의 미니룸 저장 공간에 미니룸이 자동 생성만 될 뿐, 회원이 컴퓨터를 통해서 미니룸의 생성 여부를 어떻게 확인하는지 명확하게 기재되어 있지 않았고, 또한 미니룸 가구의 저장 단계에서 '전시'된 가구라는 표현은 회원이 볼 수 있는 상태를 전제로 하는 것이지만, 기억 수단인 데이터베이스(가구 저장 공간)에 가구가 어떻게 전시되고, 회원이 가구 선택을 위해 데이터베이스에 저장된 가구 목록에 어떻게 접근하여 선택하는지 구체적으로 기재하고 있지 않다는 이유로 특허를 등록받을 수 없었다.

비즈니스 방법 특허의 청구항 기재 방법

원조 SNS인 싸이월드의 미니룸 서비스에 대한 특허가 청구항 기재가 잘못되었다는 이유로 거절되어 아쉬움이 남는다. 특허는 기술 문서일 뿐만 아니라 법률 문서임에 유념해야 한다. 특허는 단순히 기술을 기재하는 것이 아니라 법률에 맞게 작성되어야 한다. 우리는 아마존의 원클릭 특허 사례를 본보기로 삼아야 한다.

일반적으로 비즈니스 방법은 첨단 기술이 아니기 때문에 모방하기가 무척 쉽다. 따라서 사업을 진행할 때 비즈니스 방법 특허를 취득하는 것은 중요하다. 비즈니스 방법 특허는 넓은 권리 범위를 가질 수 있기에 특허권을 취득하면 강력한 권리 행사가 가능하며, 사업의 영역이 국경을 넘나드는 경우가 많기 때문에 한국뿐만 아니라 해외 특허도 병행하여 취득하는 것이 바람직하다.

비즈니스 방법의 청구항 작성에 대한 이해를 돕기 위해 등록받은 비즈니스 방법 특허를 살펴보자. 신한은행이 2006년에 특허를 신청한 '메신저 이용자 간 계좌 이체 처리 방법 및 시스템과 이를 위한 기록 매체'를 살펴보자. 온라인 금융 결제와 관련된 비즈니스 방법으로, 한국 등록특허 10-0914660호이다.

신한은행 특허 청구항

금융사 서버에서 복수의 메신저 이용 고객들의 메신저 계정 정보와 메신저 연계 계좌 정보를 각각 연계 처리하여 저장 매체에 저장하는 단계,

메신저 서버를 통해 메신저 뱅킹 회원으로 인증된 메신저 이용 단말에서 특정 메신저 계정으로 금액 이체 요청 시, 메신저의 친구 목록을 통해 금액 이체 대상 특정 메신저 계정을 선택하는 단계, 상기 금융사 서버에서 상기 저장 매체와 연계하여 상기 메신저 이용 단말 이용 고객의 메신저 계정과 연결된 메신저 연계 계좌 정보와 상기 선택된 특정 메신저 계정과 연결된 메신저 연계 계좌 정보를 확인하는 단계 및

상기 금융사 서버에서 상기 메신저 이용 단말에서 요청한 이체 금액을 상기 확

인된 상기 메신저 이용 단말 이용 고객의 메신저 계정과 연결된 메신저 연계 계좌에서 출금한 후 상기 특정 메신저 계정과 연결된 메신저 연계 계좌로 입금 처리하는 단계를 포함하여 이루어지는 것을 특징으로 하는 메신저 이용자 간 계좌 이체 처리 방법.

신한은행 특허는 계좌 이체의 상대가 메신저의 친구 목록을 통해 선택된다는 내용이다. 등록 청구항에서 금융사 서버, 메신저 서버와 결합시켜 비즈니스 방법을 구체화하고 있다. 나아가 계좌 이체와 관련된 정보를 어떻게 처리하고 확인하는지 구체적으로 기재하고 있다. 이러한 청구항 기재 방법을 따를 때에만 비즈니스 방법을 특허로 인정받을 수 있다.

핵 심 포 인 트

- 비즈니스 방법은 경쟁 회사가 모방하기 쉬우므로, 특허로 보호하기 위해 노력해야 한다.
- 새로운 비즈니스 방법과 기존의 정보 통신 기술을 결합하여, 비즈니스 방법을 특허로 등록할 수 있다.
- 비즈니스 방법 관련 특허는 청구항에 소프트웨어로 구현한 비즈니스 방법과 그 소프트웨어에 의해 정보 처리가 실행되는 하드웨어를 구체적이고 명확하게 기재해야 한다.

제3장

특허,
21세기의 중심에
우뚝 서다

01
다이슨의 강한 특허권,
피하는 방법은 없을까?

▼

다이슨은 유사 제품이 쏟아져 나오자, 2012년 5월, 10여 개 업체에 특허 침해와 관련하여 판매 중지를 요청했다. 한편 다이슨은 특허 무효 심판에서 등록특허에 대해 특허성을 다시 한번 인정받은 상황이었다. 이제 다른 회사에서 날개 없는 선풍기를 제조 또는 판매하려면 다이슨의 특허권을 회피하는 방법밖에 없다. 날개 없는 선풍기에 대한 특허를 회피할 수 있을까?

특허 청구 범위를 기준으로 침해 여부를 판단한다

'특허 청구 범위'는 특허를 청구하는 범위를 기재하는 부분으로, 보통 여러 개의 청구항으로 구성된다. 청구항은 특허를 청구하는 부분이므로 청구항에 기재한 내용이 발명이며 곧 권리가 된다.

즉, 청구항(claim)은 발명을 정의한다. 청구항은 특허 신청인 스스로 결정하여 보호받고자 하는 사항을 기재해야 한다. 특허 신청인 본인의 책임 아래 발명을 정의하여 청구항을 결정했기 때문에 청구항에 기재한 어떤 사항이라도 실수로 일어난 일이라고 해서는 안 된다. 청구항에 기재한 발명과 다른 제품이 자신의 권리에 속한다는 주장은 앞뒤가 맞지 않는다. 예를 들어, 특허 발명에는 A, B, C로 구성되어야 한다고 청구항을 기재하고, A, B만으로 구성된 다른 사람의 제품이 자신의 특허를 침해한다고 주장하면 안 된다.

　이러한 논리를 바탕으로 우리는 다음과 같은 결론을 내릴 수 있다. 어떤 제품이 특허권을 침해했다고 말하기 위해서는 청구항에 기재된 '모든 사항'과 제품이 일치해야만 한다. 청구항의 수식어, 기술 용어 등 사소한 부분이라도 제품과 대응하지 않으면 특허를 침해했다고 할 수 없다. 이를 '구성 요소 완비의 원칙(All Elements Rule)'이라고 한다. 즉, 청구항에 기재된 각 구성 요소 또는 한정 사항이 하나씩 보호되지 않으며, 청구항에 기재된 모든 사항이 일체가 되어 권리를 구성하므로 청구항의 어떤 부분이 실수로 기재된 것이라고 특허권자가 주장해서는 안 된다. 아래 그림에서 A, B, C는 구성 요소를 의미하며, C1, C2는 구성 요소를 한정하는 사항이다. 종종 어떤 특허 청구 범위를 검토해 보면 청구항에 불필요한 사항을 너무 많이 기재하여 어떤 제품이 이 특허를 침해하는 것이 불가능할 정도로 작성되어, 과연 이 특허가 어떤 의미가 있을지 의문이 들면서 인상을 찌푸리게 하는 경우가 있다.

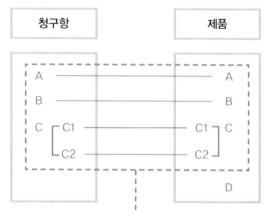

청구항	제품

A ──────── A
B ──────── B
C ─ C1 ──── C1 ─ C
   └ C2 ──── C2
                D

청구항과 제품의 구성요소가 모두 일치하면 침해

구성 요소 완비의 법칙

　구성 요소 완비의 원칙에 따라, 다이슨의 특허 청구항이 날개 없는 선풍기의 제조 또는 판매 권한을 판단하는 기준이 된다. 즉, 특허 청구항이 기술의 사용 권한을 부여하고 이익을 창출하는 수단으로 작용한다. 이제 다이슨 특허를 침해했다는 이유로 내용 증명으로 요청문(경고장)을 받았다고 가정하자. 구성 요소 완비의 원칙에 따라, 우리는 먼저 특허 청구항을 검토해 보아야 한다.

다이슨의 등록특허 청구항

기류를 발생시키기 위한 무블레이드 선풍기 조립체로서,

공기 유동을 발생시키기 위한 수단을 포함하는 **베이스부**,

상기 공기 유동이 유입되는 내부 통로를 포함하며, 상기 베이스부상에 탑재된 노즐, 및

상기 공기 유동을 방출시키기 위한 **마우스부**(mouth)를 포함하고,

상기 노즐은 상기 마우스로부터 방출되는 공기 유동에 의해 상기 선풍기 조립체 외부로부터 공기가 유입되는 개구를 형성하도록 축을 중심으로 연장되며,

상기 노즐은 공기 유동을 유도할 수 있도록 상기 마우스부가 배치되는 표면을 포함하고, 상기 표면은 상기 축으로부터 테이퍼가 진 **디퓨서부**(diffuser portion) 및 상기 디퓨저부의 하류부에 각을 이루며 위치된 **가이드부**(guide portion)을 포함하는 무블레이드 선풍기 조립체.

청구항에 의하여 정의되는 발명은 베이스부, 마우스부, 디퓨저부, 가이드부가 결합된 일체이다. 같은 원리로 청구항에 기재된 수식어와 한정어도 일체로 취급된다. 만일 다른 사람이 이러한 기술적 구성 중 어느 하나라도 배제하고 날개 없는 선풍기를 만든다면 침해에 해당되지 않는다. 특허권 침해를 피할 수 있다는 뜻이다.

이제 다이슨의 특허권을 회피할 수 있는지 고민해 보자. 다이슨은 베이스부, 마우스부, 디퓨저부, 가이드부로 날개 없는 선풍기가 구성되어야 한다고 청구항에 기재하였다. 이 중 어느 하나를 뺄 수 있을까? 아무래도 베이스부, 마우스부는 공기가 유동하는 데 반드시 필요하다. 디퓨저부는 마우스부에서 배출된 공기가 서서히 확장되어 와류를 방지하는 구성이므로 필요해 보인다. 그렇다면 가이드부는 어떠한가? 가이드부는 사람에게 공기의 유동

을 집중시키는 부분이다. 가이드부가 없다면 공기의 유동이 넓게 퍼져서 사람에게 집중되지 않겠지만 그런대로 사용할 만하지 않을까? 오른쪽 그림과 같이 가이드부를 없애고 디퓨저부를 끝까지 연장시킨 제품은 이 특허권을 침해하지 않는다.

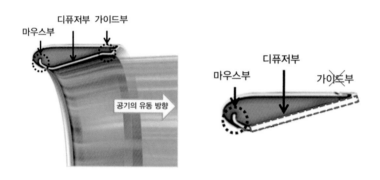

다이슨 특허권을 회피하는 방법

반대로 다른 기술적 구성을 추가해서 날개 없는 선풍기를 만드는 경우를 생각해 보자. 예를 들어, 냉방을 위한 선풍기뿐만 아니라 난방을 위한 온풍기로 사용하기 위해 노즐에 가열부를 추가할 수도 있다. 이 경우에도 특허권을 침해하는 것인가? 청구항에 의하여 정의되는 발명은 베이스부, 마우스부, 디퓨저부, 가이드부가 결합된 일체라고 했다. 온풍기로 사용하기 위해 다른 구성을 유지하면서 가열부를 추가하여 제품을 개량하더라도, 청구항에 기재된 구성 요소를 모두 포함하게 된다. 이러한 제품은 구성 요소 완비의 원칙에 따라 특허권 침해에 해당된다.

하지만 너무 실망할 필요는 없다. 만일 날개 없는 선풍기를 개량해서 온풍기를 만든다는 생각을 했다면 이 아이디어를 특허로 신청하면 된다. 개량 발명이더라도 특허를 등록받는 데는 아무런 문제가 되지 않는다. 온풍기 특허권을 확보하였다면 다이슨이 온풍기를 만들 때 이 특허권을 침해하게 된다. 서로 특허권을 침해하는 상황이 되면, 양측 모두의 필요에 의해 서로 특허 발명의 사용을 허락하는 크로스 라이선스 계약이 체결될지도 모른다. 결과적으로 다이슨의 날개 없는 선풍기와 개량 발명품인 온풍기를 모두 제조할 권한을 얻게 된다. 일반적으로 특허권을 회피한다는 것은 어려운 일이며, 특허권자가 많은 연구를 통하여 최적의 기술을 특허로 신청하기 때문에 다른 대안을 찾기 어렵다. 오히려 개량 발명을 특허로 등록하는 전략이 더 효과적이다.

특허의 실체는 문서로 존재한다

우리가 앞에서 특허권을 회피할 수 있는지 검토하면서, 가이드부에 대한 기술적 의미와 청구항이 표현하고 있는 권리 그리고 실제 제품을 종합적으로 검토해 보았다. 이러한 검토 과정에서 특허의 실체는 문서로 존재함을 확인했다. 특허는 반드시 글로써 표현되어야 한다. 발명을 말이나 그림만으로 표현하는 데는 한계가 있다. 특허 신청은 결국 문서를 제출하는 행위이다. 이때, 특허를 정해진 양식에 따라 기재하게 되어 있는데, 이를 '특허 명세서'라고 부른다. 특허 명세서는 발명의 명칭, 기술 분야, 발명의 배경이 되는 기술, 발명의 내용, 특허 청구 범위, 도면으로 구성된다.

'특허 청구 범위'는 말 그대로 특허 신청인이 특허를 청구하는 범위를 기재하는 부분이다. 특허 청구 범위는 보통 여러 개의 청구항으로 작성된다. 발명의 내용 중에서 신청인이 권리로서 보호받고자 하는 사항을 선택하여 청구항에 기재한다. 청구항은 발명을 정의하여 특허권을 발생시키는 부분이므로 신중하게 고민한 다음에 작성해야 한다. 청구항은 형식에 따라 독립항과 종속항으로 구분된다. 종속항은 다른 청구항을 한정하거나 부가하여 보다 구체화하기 위하여 기재하므로 다른 청구항을 인용하게 된다. 예를 들면, "청구항 1에 있어서 ~"와 같은 표현이 기재된다.

특허 명세서는 발명의 기술적 내용을 기재하는 기술 문서이면서, 자신의 권리를 주장하는 법률 문서이기도 하다. 특허 명세서를 논문과 비교해 보자. 과학 논문은 연구 개발의 결과물을 정리한 것으로서 기술 문서의 성격이 강하다. 그런데 특허 명세서는 기술 내용을 기본으로 하지만 자신의 권리를 주장하기 위한 목적으로 작성하므로 법률 문서의 성격이 강하다. 특히, 특허 청구 범위(청구항)는 법률 문서로서의 역할을 한다. 예를 들어, 의자를 처음으로 발명했다고 가정하면 논문에서는 의자의 각 구성에 대한 재질, 크기, 비교 실험 예 등 기술을 자세히 기재하겠지만, 특허는 어떻게 권리를 설정할지 고민하고 의자에서 필수적인 구성 요소만 특정하여 특허의 권리 범위를 결정하는 데 집중한다.

특허 명세서를 읽어 보면 우리에게 너무 생소하다. 그 이유는 기술 문서보다는 법률 문서의 역할이 더 강조되기 때문이다. 특허 명세서는 특허 발명이 넓게 해석될 수 있도록 작성되기 때문에 개념적이고 추상적으로 표현된다. 단순하고 명쾌하게 기술을 설명하여 발명을 정의하면 권리 범위가 좁아지게 된다. 이런 의미에서 특허 명세서는 기술을 명쾌하게 설명해 주는 기술 문서가 되기는 어렵다. 심지어는 발명자가 자신의 발명이 기술적인 측면에서 작성되지 않고, 자신이 알 수 없는 용어들로 작성되었다고 불만을 토로하기도 한다. 예를 들어, 다리와 밑판으로 구성된 의자를 처음으로 발명했다고 가정하자. 발명자가 금속 소재로 만들어진 다리가 4개인 점이 중요하다고 설명하더라도, 특허 전문가는 발명을 정의할 때 의자 다리가 금속 소재이고 4개인 점에 주목하지 않고 '다리'라는 용어 대신 밑판을 떠받치는 '지지대'라는 용어를 사용하여 '밑판을 떠받치는 하나 이상의 지지대'라고 기재할 수 있다. 이렇게 발명을 정의해야만 특허 권리 범위가 넓어지게 되며, 특허받은 발명은 개념적이고 추상적인 표현으로 다양한 형태의 의자를 포괄할 수 있다.

한편, 특허 신청인은 자신의 기술이 모두 공개되는 것을 꺼려한다. 특허 제도는 권리 부여와 기술 공개의 균형을 추구하지만, 발명자나 회사는 기술 공개가 최소화되는 것을 원할 수밖에 없다. 어떤 실물이나 연구용 샘플을 그대로 도면에 삽입하기보다는 개념적으로 표현한 도면을 선호한다. 실제 사용되는 기술이나 영업 비밀이 드러나지 않게 우회적으로 기재하는 방식을 취한다. 결국 기술 문서의 기능은 희미해지고, 법률 문서의 기능이 강조

된다.

특허 명세서는 어떤 관점에서 작성되어야 하는가?

특허 명세서는 그 시기에 따라 다른 관점에서 생각해 보아야 한다. 누군가 4개의 다리, 엉덩이를 받치는 밑판, 등받이, 팔걸이로 구성된 의자를 최초로 발명했다고 상상해보자.

특허를 신청할 때에는 기본적으로 선행 기술과 대비한 후, 폭넓은 특허 권리 범위를 우선적으로 고려해야 한다. 넓은 권리 범위를 갖는 특허권은 먼저 필수적인 구성을 도출해야 만들어진다. 구성 요소 완비의 원칙에 따라 특허 발명의 구성을 제품이 모두 갖추고 있어야 하므로 구성 요소는 필수적인 요소로 최소화해야 한다. 그렇다고 선행 기술과 동일하게 발명을 정의하면 새로운 발명으로 인정받을 수 없다. 따라서 필수적인 구성 요소는 선행 기술보다 추가 또는 한정된 요소를 포함하면서 최소한으로 정해야 한다. 최초로 발명된 의자를 청구항으로 정의해 보면, 의자의 기능과 역할 측면에서 필수적인 구성 요소는 4개의 다리와 밑판이라고 볼 수 있다. 만일 선행 기술을 조사해 보니 4개의 다리와 밑판으로 구성된 의자가 발견된다면, 발명을 다리와 밑판으로 정의할 수 없다. 다리와 밑판 외에 다음으로 필수적인 요소는 등받이로 생각하여 다음과 같은 청구항을 작성할 수 있다.

의자에 대한 특허 청구 범위

[청구항 1]

사람의 몸을 걸치기 위한 밑판,

상기 밑판과 결합되어 지면으로부터 밑판을 떠받치는 4개의 다리 및

상기 밑판과 결합되어 사람의 등을 받쳐 주는 등받이를 포함하는 의자.

청구항에 정의된 발명은 이제 명확하다. 발명자가 발명품이 4개의 다리, 밑판, 등받이, 팔걸이로 구성된 의자라고 하였지만, 팔걸이를 제외하여 특허의 권리 범위를 넓혔다. 더 상세히 청구항을 살펴보면, 만약 다른 사람이 3개 또는 5개의 다리를 가진 의자를 만들면 특허 침해라고 할 수 있을까? 자신의 권리는 4개의 다리를 가진 의자라고 했는데, 3개 또는 5개의 다리를 가진 의자도 자신의 특허권에 속한다고 주장할 수 있을까? 자신의 특허와 다른 사람의 제품이 일치하지 않아 논란이 발생하니 이렇게 다리를 4개로 한정해서는 안 된다. 그렇다면 4개의 다리라고 기재하지 않고 여러 개의 다리라고 처음부터 정의하면 된다. 하지만 어떤 사람은 의자의 다리를 여러 개로 만들지 않고 다리의 아랫면을 넓혀서 하나로 만들 수도 있다. 결국 다양한 제품을 포괄하기 위해서 청구항에서 다리의 개수를 한정하지 않는 방법이 가장 좋다.

또한, 특허 명세서에 많은 기술 내용을 담을 수 있도록 노력해야 한다. 일단 특허 명세서의 내용이 제출되면 추후 내용을 추가하는 방법은 극히 제한적이다. 따라서 기술 내용을 다각도의 관

점에서 특허 명세서와 청구항에 충분히 기재해야 한다. 발명자가 제시한 발명 외에도 구성을 추가하거나 한정할 수 있는지 생각해 보고, 넓은 범위의 특허권을 확보한다는 개념을 기초로 다양한 예시를 기재한다. 특허를 신청할 때 권리 관점보다 기술 관점에서 바라봐야만 특허 심사 및 등록 과정에서 좋은 결과를 얻을 수 있다. 앞에서 말한 의자를 다리, 밑판, 등받이로 정의하기로 결정했더라도 기술 관점에서 팔걸이 외에 '바퀴'라는 구성을 추가하거나, 등받이를 두 부분으로 분리하도록 구성을 한정할 수 있다. 발명자가 제시한 발명과 다른 내용이 특허 명세서에 기재되는 일은 비일비재하다. 발명자가 특허 명세서를 보면서 깜짝 놀라는 이유다. 이러한 생각에 기초하여 다음과 같이 청구항을 작성할 수 있다.

의자에 대한 특허 청구 범위

[청구항 1]

사람의 몸을 걸치기 위한 밑판,

상기 밑판과 결합되어 지면으로부터 밑판을 떠받치는 하나 이상의 다리 및

상기 밑판과 결합되어 사람의 등을 받쳐 주는 등받이를 포함하는 의자.

[청구항 2]

청구항 1에 있어서, 상기 밑판 또는 등받이에 결합되어 사람의 팔을 걸칠 수 있는 팔걸이를 더 포함하는 의자.

[청구항 3]

청구항 1에 있어서, 상기 다리에 결합되어 이동을 가능하게 하는 바퀴를 더 포함

하는 의자.

[청구항 4]

청구항 1에 있어서, 상기 등받이는 두 부분으로 분리된 의자.

청구항은 권리를 발생시키기 때문에 많으면 많을수록 좋을까? 특허 신청을 할 때 특허의 청구항을 무조건 많이 작성할 필요는 없다. 기존에 충분한 특허 포트폴리오를 가지고 있거나 많은 수의 특허를 꾸준히 신청하는 기업은 청구항을 너무 많이 작성하는 것을 피해야 한다. 청구항이 많아질수록 특허청에 납부하는 관납료도 증가한다. 오히려 여러 개의 발명들 중에서 가장 중요한 것을 선별하여 청구항을 작성하고 심사를 받은 후 청구항을 추가할지 결정하면 시간과 비용을 효율적으로 사용할 수 있다. 반면에 특허 포트폴리오를 만들기 위해서 또는 가치가 높은 특허라는 확신이 있다면 처음부터 청구항을 많이 작성할 필요가 있다. 각각의 청구항마다 권리 범위가 다르므로 다양한 청구항이 강력한 권리를 만들어 준다.

특허 심사 과정에서 명세서는 어떤 관점으로 바라보아야 할까? 심사 과정에서 발견된 선행 기술과 특허 신청 시에 기재한 청구항을 비교하여, 그 경계점을 정해야 한다. 즉, 기술보다는 권리 관점에서 신청인이 특허의 권리 범위를 결정하는 시기이다. 이때 결정된 특허 권리 범위에 의하여 특허권을 활용하게 된다. 다음의 그림처럼, 원래의 특허 청구 범위는 점선으로 표시된 부분이었다고 가정해 보자. 선행 기술이 심사 과정에서 발견되면 일정

부분을 포기하게 되어 권리 범위가 좁아진다. 이처럼 특허를 신청할 때 폭넓게 특허 청구 범위를 작성하고, 심사 과정에서 좁아지는 것이 일반적이다. 특허 신청인 입장에서는 '미리' 자신의 특허 권리 범위를 좁게 설정할 필요가 없다. 의자에 대한 청구항으로 특허권리범위와 심사 과정에서 일어나는 일들을 이해해 보자.

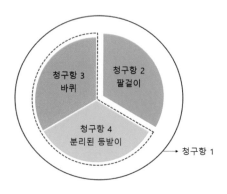

심사 과정에서 특허 청구 범위 변화

청구항 1은 밑판, 다리, 등받이로 구성된 의자에 대한 발명이고, 어떤 청구항도 인용하지 않는 독립항이다. 청구항 2, 3, 4는 청구항 1을 인용하여 종속된 종속항이다. 특허를 신청할 때 독립항이 하나라면 특허 청구 범위(실선)와 독립항의 권리 범위가 일치한다. 종속항은 독립항에 비하여 좁은 권리 범위를 가진다. 청구항 2와 3은 청구항 1에 기재된 의자에 팔걸이와 바퀴를 각각 더 부가한 발명이며, 청구항 4는 등받이에 대해 구체적으로 한정한 발명이기 때문이다. 앞에서 제시한 그림과 청구항들을 함께 참조하면, 청구항마다 특허의 권리 범위는 각자 달리 설정된다. 청구항 1이 가장 넓은 권리 범위를 가지며, 청구항 2, 3, 4는 청구항 1의 권리 범위 중 각각 일정 부분을 차지한다. 쉽게 생각하면 밑판, 다리, 등받이로 구성된 모든 의자는 청구항 1에 기재된 발명의 특허권에 속하게 된다. 팔걸이 또는 바퀴가 있는지, 등판이 두 부분으로 분리되어 있는지 여부와 관계없다. 청구항 2의 내용은 밑판, 다리, 등받이, 팔걸이로 구성된 의자에 특허권의 효력이 미친다. 구성 요소 완비의 원칙에 따라 팔걸이가 없는 의자는 청구항 1에 기재된 특허권을 침해하지만, 청구항 2가 정의하는 특허권을 침해하지는 않는다. 따라서 청구항 1의 권리 범위가 청구항 2의 권리 범위보다 넓다. 여기서 우리는 구성 요소를 많이 기재하면 할수록 특허권리범위가 좁아진다는 점을 알 수 있다. 따라서 청구항에 불필요하게 많은 구성 요소나 한정 사항을 기재하지 않아야 한다.

종속항(청구항 2, 3, 4)은 독립항(청구항 1)에 기재한 발명에 구성을 추가하거나 그 구성을 한정한 발명을 정의하고 있다. 이러한 독립항과 종속항의 관계는 기술 발전의 흐름과 일치한다. 밑판, 다리, 등받이로 구성된 의자가 원천 기술이고, 밑판, 다리, 등받이, 팔걸이로 구성된 의자가 개량 기술이라고 볼 수 있다. 개량 기술은 원천 기술에 구성을 추가하거나 그 구성을 한정함으로써 완성된다. 원천 기술에 대한 특허의 권리 범위는 개량 기술에 대한 특허의 권리 범위를 포괄한다. 개량 기술은 개량에 개량을 거쳐 끊임없이 개발되고, 모두 원천 기술의 특허권에 속하게 된다.

수많은 개량 기술에 대한 특허권의 존재 여부와 무관하게 원천 기술을 개발한 자는 개량 기술들에 대해 특허 로열티 수입을 걸어 들일 수 있다.

특허 심사 과정에서 밑판, 다리, 등받이, 팔걸이가 있는 의자가 있었음이 발견된다면 청구항 1 및 2는 등록받을 수 없다. 청구항 1과 2에 기재된 발명은 새로운 기술이 아니기 때문이다. 하지 만 청구항 3 및 4는 특허로 등록받을 수 있다. 청구항마다 발명을 정의하므로, 청구항마다 특허를 받을 수 있는지 심사하고 결정하게 된다. 특허 심사 과정에서 선행 기술과 비교되어 특허의 권리 범위가 결정된다. 청구항 3과 청구항 4만 남겨지면 앞의 그림에서 실선으로 표시된 특허 청구 범위의 일부가 없어지고, 점선으로 표시된 권리 범위로 줄어들게 된다.

특허가 등록되는 시점에서는 자사나 타사의 제품과 비교하여 과연 유효하고 강력한 특허로 활용될 수 있을지 고민해 보아야 한다. 불필요한 특허는 비용만 발생시킬 뿐이고 특허권자에게 도움이 되지 않기 때문에 자사나 타사의 제품에 사용될 가능성이 있는지, 현재 사용되고 있는지 여부를 검토해야 한다. 현재 특허에 기재된 발명이 사용되고 있다면 그 침해 증거를 정확히 기록한다. 그리고 특허에 기재된 발명이 사용되고 있지만, 청구항의 문구가 정확히 일치하지 않으면 등록 예정인 특허를 이용하여 추가적으로 특허를 신청할 수도 있다. 한편 특허 등록 시점에 등록 청구항 외에 권리화가 필요한 부분이 있는지 검토해야 한다. 특허 청구 범위에 기재되어 있지 않고 특허 명세서에 기재된 발명은 공공의 영역에 속하지만, 특허 명세서에 기재된 발명을 청구항으로 옮겨 기재하여 추가로 특허를 받을 수 있다. 이렇게 특허 등록 절차를 완료하지 않고 특허의 계류 상태를 유지하는 전략은 강력한 특허를 개발하는 데 사용되며, 경쟁 회사가 쉽게 시장에 진입하지 못하게 만들 수 있다.

또한, 등록 특허가 제삼자에게 오해의 소지를 일으킬지도 검토해야 한다. 등록 특허가 실제로 소송에 사용되는 경우는 극히 드물며, 비즈니스에 활용되는 경우가 대부분이다. 기술 협력을 위하여 등록 특허를 제시하거나 라이선스 등의 협상에 사용되기 때문이다. 따라서 권리 관점만 생각하여 기술 내용을 너무 어렵게 기재하여 비즈니스에 활용될 수 없다면 아무 소용이 없다. 특허가 등록되는 시점에서 특허 명세서는 제품 또는 서비스와 비교하면서 비즈니스 관점에서 검토되고, 필요한 경우 특허 청구 범위를 재작성한다.

모든 단계에서 기술, 권리, 비즈니스를 고려하여 특허 명세서를 작성할 필요가 있다. 하지만 특허 신청부터 특허 등록까지 2~3년의 시간이 필요하다는 점 그리고 특허를 신청할 때에 사업에 활용되지 않았던 기술 내용이 특허를 등록할 때에 비로소 사업에 성공하여 구체화된다는 점을 고려해야 한다. 이러한 일련의 과정을 생각하면 특허 명세서는 각 단계에 맞게 선택과 집중을 통하여 관리할 필요가 있다. 특허 신청 단계에서 기술 내용을 풍부하게 기재하고, 특허 심사 단계에서 선행 기술과 경계점을 정하여 권리 범위를 확정하며, 특허 등록 단계에서 과연 제품이나 기술 트렌드에 적합하고 비즈니스에 도움이 되는지를 검토해야한다. 특허 명세서는 기술, 권리 그리고 비즈니스가 녹아 있는 문서다. 다시 말하면, 특허 명세서는 법률 문서이면서 기술 문서와 비즈니스 문서이다.

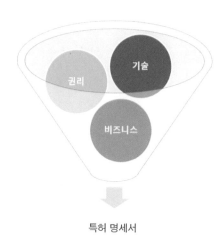

특허 명세서

특허 명세서의 세 가지 관점

╭─── 핵 심 포 인 트 ───╮

- 청구항은 특허를 청구하는 부분이므로, 발명을 정의한다.
- 어떤 제품이 청구항에 기재된 '모든 사항'과 일치하면 특허권의 권리 범위에 속한다.
- 청구항에 기재된 어떤 사항을 배제한 제품은 특허권을 침해하지 않는다.
- 청구항에 많은 내용을 기재할수록 특허권리범위는 좁아진다.

- 개량 기술은 원천 기술에 구성을 추가하거나 그 구성을 한정함으로써 완성되며, 원천 기술에 대한 특허 권리 범위는 개량 기술에 대한 특허 권리 범위를 포괄한다.
- 특허 명세서는 정해진 양식에 따라 발명을 글로써 표현한 문서이다.
- 특허 명세서는 법률 문서이면서, 기술 문서와 비즈니스 문서의 역할을 한다.
- 특허를 신청할 때는 필수적인 구성 요소를 도출하고, 많은 기술 내용을 담을 수 있도록 노력해야 한다.
- 특허 심사 과정에서 선행 기술과 청구항을 비교하여 특허의 권리 범위를 결정한다.
- 특허 등록 과정에서 청구항과 제품을 비교하여 비즈니스에서 활용할 수 있는지 검토한다.

02
노키아,
특허 괴물로 변신하다

노키아는 스마트폰의 등장으로 몰락하였고, 마이크로소프트는 노키아의 휴대 전화 사업 부문을 인수하였다. 하지만 노키아가 특허권을 그대로 소유하기로 하자 걱정의 목소리가 높아졌다. 노키아가 특허 공세를 강화하면서 특허 괴물로 변신할 것이라는 우려 때문이다.

노키아의 휴대 전화 사업 부문이 마이크로소프트에 인수되다

노키아(Nokia)는 2007년까지 세계 휴대 전화 시장의 1위 기업이었고, 핀란드의 수출과 세수를 책임지고 있었다. 그런데 2007년 애플이 아이폰(iPhone)을 출시하여 갑작스러운 변화가 생겼다. 노키아는 스마트폰이라는 큰 변화의 물결에 대응하지 못해 영업 이익과 점유율이 끝없이 추락하고 말았다.

노키아가 고전을 면치 못하는 상황에서 마이크로소프트(Microsoft)는 2013년 9월 노키아의 휴대 전화 사업 부문을 약 8조 원에 인수하기로 결정하였다. 여기서 주목할 부분은 노키아의 특허권 소유이다. 노키아는 휴대 전화 사업부문을 매각하지만, 해당 특허권은 마이크로소프트에 매각하지 않았다. 대신 마이크로소프트는 노키아의 특허권을 향후 10년간 사용하는 라이선스 계약을 체결하였다.

마이크로소프트와 노키아는 왜 이런 결정을 했을까? 휴대 전화 제조업체는 이미 마이크로소프트와 노키아에게 특허 로열티를 지불하고 있는 상황이었다. 노키아가 휴대 전화 사업을 중단하여 더 유리한 입장에 놓이기 때문에, 휴대 전화 제조업체는 더 많은 로열티를 노키아에게 지불해야 한다. 결과적으로 휴대 전화 제조업체는 로열티의 지출이 늘어나게 되어, 제조 비용이 증가하게 된다. 마이크로소프트는 제조 비용이 증가된 안드로이드 스마트폰을 견제할 수 있고, 노키아도 특허 로열 티를 증가시킬 수 있어 양측 모두에게 유리한 계약이었다. 마이크로소프트의 노키아 인수 중심에는 특허가 있었다.

한국에서도 마이크로소프트의 노키아 인수 결정에 대해 많은 걱정이 쏟아졌다. 노키아가 특허 공세를 강화하면 한국 기업이 피해를 입을 것이란 염려 때문이다. 즉, 노키아가 특허 괴물(patent troll)로 변신할 것이란 예상 때문이었다. 노키아는 이제 휴대 전화를 제조하지 않는 기업이 되었다. 한국의 휴대 전화 제조업체는 자신의 특허권을 제품이 없는 노키아에 더 이상 행사할 수 없게 된다. 특허권의 속성상 특허권은 제조업체가 가지고 있는 것보다 비제조업체가 가지고 있을 때 더욱 강력하다. 이런 상황에서 노키아가 특허권을 적극적으로 행사하여 수익을 창출할 것은 명약관 화하다. 노키아가 특허 괴물로 변신할 것이라는 우려 속에 공정거래위원회의 고심도 깊어졌다. 마이크로소프트와 노키아의 합병 승인은 휴대 전화 제조업체의 특허 로열티 증가라는 등식을 성립시킨다고 볼 수 있다. 미국과 유럽 경쟁 당국이 합병을 승인한 상황에서, 중국 당국은 고심 끝에 자국의 휴대 전화 제조업체를 위하여 조건부 승인을 하였다. 표준 특허에 대해 프랜드(FRAND: Fair Reasonable And Non-Discriminatory) 원칙을 적용해야 한다는 조건 등을 내걸었다.

기업이 연구 개발을 통하여 제품을 판매하지만, 제품을 판매할 수 없는 상황을 맞이하면 마지막까지 남는 것은 특허권이며, 이 특허들은 강력한 무기가 된다. 노키아는 특허 로열티 수익을 끌어올리면서 이 수익을 다른 사업에 투자할 수 있다. 이 당시 노키아는 특허 로열티 수익을 이용하여 이동 통신 사업, 사물인터넷, 지도 서비스 등의 사업으로 부활하고자 노력하였다.

특허 괴물, 왜 무서운가?

특허 괴물(Patent Troll)이란 용어는 한국의 언론 매체에서 자주 사용되고 있다. 이 용어를 처음 사용한 사람은 피터 뎃킨(Peter Detkin)으로 알려져 있다. 피터 뎃킨이 인텔(Intel)의 사내 변호사로 있던 시절, 인텔은 테크서치(TechSearch)로부터 특허침해소송을 당했다. 테크서치는 파산한 기업으로부터 5만 달러에 특허를 사들여 50억 달러의 손해배상소송을 인텔에 제기했다고 한다. 이런 정황에서 피터 뎃킨이 '특허 괴물'이라는 용어를 사용한 이유를 추측할 수 있다. 테크서치가 5만 달러에 사들인 특허를 이용해 50억 달러의 소송을 제기했으니 말이다.

한국에서 '특허 괴물'이라는 용어는 한국 기업이 특허로 인해 피해를 본다는 인식에서 확산된 개념이다. '특허 괴물'이라는 용어는 비제조업체(NPE: Non Practicing Entity)의 대명사처럼 사용되었다. 이는 특허 괴물의 폐해에 대한 심리적 부담감을 표현하는 말이다. 하지만 이런 모호한 용어의 사용은 불필요한 오해를 불러일으킨다. 대표적인 비제조업체(NPE)라 할 수 있는 대학, 연구소도 특허 괴물로 불릴 수 있기 때문이다. 비제조업체를 비판만 하면 특허의 활용을 경시하는 풍조를 조장할 수 있다. 제조업체가 비제조업체가 되기도 하고, 비제조업체가 사업에 성공하면 제조업체가 될 수 있다는 현실을 인식해야 한다.

비제조업체의 특허권 행사가 무서운 이유는 특허권의 속성에서 찾을 수 있다. 특허권은 독점적 권리인가, 배타적 권리인가? 한국 특허법은 특허권의 효력에 대해 "특허권자는 업으로서 그 특허 발명을 실시할 권리를 독점한다"고 하면서도 "특허권자가 그 특허발명의 출원일 전에 출원된 타인의 특허발명을 이용한 경우에는 그 특허권자의 허락을 얻지 아니하고는 자기의 특허발명을 업으로써 실시할 수 없다"고 기술하고 있다. 특허권은 독점권인 것으로 전제하면서도 다른 특허발명을 이용하려면 그 효력이 제한된다는 논리 전개다. 하지만 미국 특허법은 특허권이 다른 사람들이 실시하는 것을 배제할 수 있는 권리(the right to exclude others from making, using, offering for sale or selling the invention)라고 정의하고 있다. 만일 특허권이 독점권이라면 특허를 획득해서 제품을 생산하는 데 어떠한 제약도 받지 않게 된다. 배타권이라면 타인이 자신의 특허발명을 사용하는 것을 배제하는 것이며, 자신에게 특허권이 있더라도 다른 사람의 특허권을 침해한다면 제약이 따르게 된다.

쉽게 말하면, 만일 A 회사가 의자를 먼저 개발하여 특허권을 가지고 있다고 가정해 보자. 이에 B 회사가 등받이를 추가한 의자를 개발하여 특허를 등록받았으며, B 회사는 등받이를 추가한 의자를 만들어 판매하였다. A 회사의 특허권을 침해하는 것일까? 특허권이 독점권이라면 B 회사는 자신의 특허발명을 사용할 권리를 독점하기에 A 회사의 특허권의 존재와 관계없이 제품을 만들어 판매할 수 있다. 이러한 논리가 성립한다면 먼저 의자를 개발한 A 회사의 특허권은 쓸모없게 된다. 특허권이 독점권이라는 논리는 불합리하다. 결국 특허권은 배타권으로 해석되므로, 특허권의 획득과 기술의 사용 권한은 별개로 생각해야 한다.

B 회사는 자신의 특허 발명이 있지만 A 회사가 특허권을 행사하면 제품을 판매하지 못하게 된다. A 회사의 특허 청구항에 기

특허권의 속성

의자 그림 출처: 플랫 포인트 홈페이지

재된 밑판과 다리를 포함하는 의자를 B 회사가 제품에 적용했기 때문이다. 또한 B 회사도 A 회사가 등받이가 있는 의자를 만들면 특허권을 행사하여 당연히 제재할 수 있다. 소비자는 사용하기 편리한 등받이 의자를 점점 선호하게 되고, A 회사도 등받이 의자를 생산하고 판매해야 할 상황이 된다. 이러한 경우, A 회사와 B 회사는 등받이 의자를 판매하기 위해서 서로의 특허권을 사용하도록 허락하는 크로스 라이선스(cross license) 계약을 체결하게 된다. 크로스 라이선스 협상에서 A 회사가 유리한 고지를 차지하는 것이 일반적이다. 크로스 라이선스 계약을 체결하지 못하더라도 A 회사는 등받이 없는 의자를 만들 수 있지만, B 회사는 등받이가 있는 의자와 없는 의자를 모두 만들 수 없기 때문이다. 한국 특허법의 규정 때문인지 모르지만, 특허권이 독점권이라고 오해하는 사람들이 있다. 이런 오해는 자신의 특허권이 있다면 다른 사람의 특허권과 무관하게 특허 침해가 아니라는 판단으로 이어진다. 우리는 이 부분을 유념할 필요가 있다.

특허권의 속성은 배타권인 점을 이해하면 비제조업체의 권리 행사에 대응하는 것이 난감한 이유를 알 수 있다. 제조업체 간에는 상대방 제품이 자신의 특허권을 침해했다고 서로 주장하게 되고, 누가 더 상대적 우위를 가지는지를 가리면 된다. 즉, 우호적인 협상이 가능한 상태가 된다. 반면 비제조업체가 제조업체의 제품이 자신의 특허권을 침해했다고 공격하면, 제조업체는 비제조업체를 공격할 수가 없다. 비제조업체는 제품이 존재하지 않기

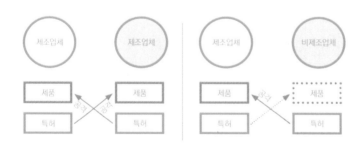

제조업체와 비제조업체의 특허권 행사

때문이다. 이러한 이유 때문에 비제조업체의 특허권 행사에 대응하기 어렵다. 한국의 제조업체 입장에서 비제조업체의 특허권 행사가 달갑지 않은 이유다.

노키아는 휴대 전화 사업 부문에서 제조업체였지만, 비제조업체가 되었다. 휴대 전화 제조업체는 노키아와의 특허 협상에서 이전보다 불리한 입장이 되었다. 라이선스 계약을 맺었던 휴대 전화 제조업체가 난감해진 이유다. 노키아는 무서운 특허 괴물로 돌변한 것이 아니다. 자신의 상황에 맞게 비즈니스를 했을 뿐이다. 1990년대 휴대 전화의 강자였던 에릭슨(Ericsson) 또한 마찬가지다. 소니와 에릭슨의 합작 회사 소니에릭슨의 에릭슨 지분 50%는 2012년 소니(Sony)에 인수되면서, 에릭슨은 휴대 전화 사업에서 물러나게 된다. 하지만 에릭슨은 무선 기술과 관련된 특허를 보유하고 있었고, 현재까지 특허 비즈니스에 집중하고 있다. 에릭슨은 한국 기업에게도 많은 로열티를 받아 가고 있으며, 인도에서 샤오미와 특허 소송을 벌였다. 이 소송은 샤오미가 가지는 성장성과 짝퉁 이미지와 결합되어 많은 관심을 받았다. 어떤 기업이든 제조업체에서 비제조업체로 변할 수 있으며, 이때 특허는 더 빛을 발하게 된다.

비제조업체(NPE)는 연구 개발을 통한 혁신에 기여하지 않으면서 특허를 이용해 수익만 추구한다는 비난을 받는다. 일반적으로 특허 제도가 추구하는 이상과는 괴리감이 있다. 서로 경쟁적으로 연구 개발을 하면서 특허권을 확보하면 기술 발전에 도움이 되는 방향성을 가진다. 하지만 비제조업체(NPE) 중 일부는 연구 개발 없이 다른 기업으로부터 특허를 사들이고, 터무니없는 수익을 올리려고 한다. 이 과정에서 제조업체는 마땅한 대응책이 없기 때문에 협상에 난항을 겪게 된다. 이와는 반대로, 비제조업체(NPE)는 특허의 활용을 극대화한다는 옹호적 입장을 취한다. 자본력이 있는 기업이 아니라면 아이디어를 특허로 등록해도 특허권을 행사하기 쉽지 않으며, 특허 발명을 사업할 의사가 없는 경우에는 특허를 매각해야 한다. 만일 비제조업체에 특허를 매각한다면 아이디어 창출과 특허 등록에 필요한 노력과 시간을 보상받을 수 있다. 한편, 어떤 기업이 특허권을 행사할 역량이 부족하거나 아웃소싱이 필요한 경우, 기업은 특허권의 관리를 비제조업체에 맡길 수도 있다. 전문적인 비제조업체(특허관리전문회사)는 특허와 제품을 분석하는 능력이 충분하기 때문에 기업 대신에 특허권을 행사하여 수익을 창출한다. 또한 비제조업체가 여러 기업의 관련 특허들을 묶어서 하나의 포트폴리오를 형성하면, 특허의 가치는 더욱 올라가게 된다. 비제조업체의 특허 비즈니스가 활성화되면 특허권이 독립된 거래의 대상이 되어 특허 시장이 형성될 수 있고, 특허의 가치가 더욱 증대되는 유익한 효과가 있다.

특허 비즈니스, 유망한 사업으로 확산되다

특허 비즈니스 사업이란 특허를 기반으로 경제적 가치를 창출하는 활동이라고 정의할 수 있다. NPE, 특허관리전문사업자, 특허 괴물 등 다양한 용어가 특허 비즈니스 사업을 대변하여 사용되고 있다. 특허 비즈니스 사업은 특허를 이용해 수익을 창출해 내는 것을 말한다. 새로운 비즈니스 모델로서 특허 비즈니스 사업이 확산되고 있는 근본적인 이유는 무형 자산 가치의 증대 때문이다. 잘 알려진 바와 같이 세계적인 기업들은 유형 자산보다 무형 자산의 가치에 더 큰 의미를 부여하고 있다. 무형 자산 중 큰 비중을 차지하는 지식 재산은 그 가치의 증가에 따라 활용도가 높아질 수밖에 없다. 특허는 이제 단순히 제품의 기술을 보호하는 수단을 뛰어넘어 독립적인 상품으로써 거래되는 시대이다.

특허 비즈니스 사업, 즉 아이디어를 수익화하는 방법은 여러 가지가 있다. 먼저 개인 발명가가 아이디어를 특허로 등록하여 권리를 직접 행사하는 방법을 들 수 있는데, 이를 보여 주는 사례가 하나 있다. 개인 발명가인 전모 씨는 골프존을 상대로 자신의 특허를 침해했다며 소송을 제기하였다. 전모 씨의 특허는 기존의 골프공 공급 장치의 오작동을 크게 개선한 발명이었다. 이에 골프존은 전모 씨의 특허 등록에 대해 무효심판을 제기하였으나, 무효가 아니라는 심결이 나왔다. 일단 개인 발명가가 승기를 잡은 모양새다. 개인 발명가는 관련 사업을 하지 않기 때문에 비제조업체(NPE)처럼 유리한 입장일 수밖에 없다. 개인 발명가는 아이디어를 특허로 등록하고, 로열티나 특허 매각을 통해 직접 수익을 창출할 수 있다. 한편 자신이 소유한 특허권을 담보로 대출을 받아 특허권을 자본화할 수도 있다. 이를 흔히 특허 금융이라고 부른다. 금융권에서 부동산 대신 특허권의 가치를 평가한 후

담보 대출을 해 준다고 생각하면 된다. 특허권 매각이나 행사를 통해 수익을 얻은 후 이 수익을 또 다른 연구 개발에 투자할 수도 있지만, 특허 금융을 기반으로 차세대 연구 개발 자금을 확보할 수도 있다.

특허 비즈니스 사업에서 특허관리전문회사(NPE)의 대표주자 인텔렉추얼 벤처스(Intellectual Ventures)를 빼놓을 수 없다. 인텔렉추얼 벤처스는 특허관리전문회사 중 규모가 가장 큰 회사이다. 아이러니하게도 특허 괴물이라는 용어를 고안하고, 특허관리전문회사에 대해 비판의 목소리를 높였던 피터 덧킨이 설립한 회사이기도 하다. 인텔렉추얼 벤처스는 벤처 캐피탈(venture capital) 또는 사모 펀드도 아닌 발명 자본(invention capital)이라는 용어를 사용한다. 발명 자본이란 아이디어, 발명, 특허권에 투자하여 수익을 창출하는 자본을 말한다. 인텔렉추얼 벤처스는 특허를 매입하기도 하지만 특허로 신청하지 않은 아이디어를 사들이기도 한다. 아이디어를 매입할 경우 특허로 등록하여 수익을 발생시키고 투자자, 발명자, 인텔렉추얼 벤처스가 수익을 서로 배분하는 형태로 운영된다고 한다. 여러 형태의 특허관리전문회사가 등장하면서 우수한 아이디어가 수익까지 이어지는 통로가 만들어졌다.

핵 심 포 인 트

- 사업을 매각하더라도 해당 특허권을 계속 소유하여 특허 로열티 수익을 창출할 수 있다.

- 특허 괴물이라는 용어는 비제조업체의 대명사처럼 사용되고 있으며, 비제조업체와 제조업체의 경계가 모호해지고 있다.
- 특허권은 다른 사람이 자신의 특허 발명을 사용하는 것을 배제할 수 있는 권리이다.
- 자신에게 특허권이 있더라도, 다른 사람의 특허권을 침해한다면 자신의 특허 발명을 사용할 수 없다.
- 제조업체 A가 제조업체 B에게 특허권을 행사하면, 제조업체 B도 제조업체 A에게 특허권을 행사할 수 있다.
- 비제조업체가 제조업체에게 특허권을 행사하면, 제조업체는 제품이 없는 비제조업체에게 특허권을 행사할 수 없다.
- 특허관리전문회사가 등장하면서 특허의 활용이 극대화되고 있으며, 특허관리전문회사는 많은 특허를 매입하는 주체가 되었다.
- 특허관리전문회사는 기업들을 대신하여, 특허의 수익을 창출해주는 역할을 수행하고 있다.
- 아이디어와 특허가 독립적인 거래 대상이 되면서 아이디어와 특허를 이용해 경제적 가치를 창출하는 특허 비즈니스가 다양한 형태로 나타나고 있다.

03
3D 프린터의 특허권 소멸을
손꼽아 기다리다

3D 프린터가 차세대 제조 기술로 부상하면서 관련된 특허권에 관심이 고조되었다. 압출 적층 방식(FDM)과 관련된 원천 특허권이 2009년 만료되면서 3D 프린터의 대중화가 시작되었고, 선택적 레이저 소결 방식(SLS)과 관련된 원천 특허권이 소멸되어 관련 산업은 기대감에 부풀었다.

3D 프린터, 특허권이 만료되면서 대중화되다

3D 프린터는 3차원적으로 재료를 층층이 쌓아서 제품을 만드는 프린터이다. 초창기 3D 프린터는 비싼 가격 때문에 쉽게 실용화되지 못했다. 그 근본 이유는 특허권을 몇몇 기업이 독식하고 있었기 때문이다. 하지만 특허권이 만료되면서 속속 저가 프린터가

시장에 등장하며 대중화되었다. 3D 프린터는 복잡한 구조의 제품을 손쉽게 생산할 수 있고, 특히 시제품을 제작할 때 유용하다. 기존에 시제품 제작은 금형 비용이 비싸고, 시간이 많이 걸렸다. 하지만 3D 프린터의 등장으로 아주 짧은 시간에 저렴한 가격으로 시제품을 생산할 수 있고, 오류를 수정하거나 설계의 변경도 편하게 할 수 있다.

　3D 프린터는 사용되는 재료에 따라 크게 세 가지 방식으로 분류할 수 있다. 액체 수지를 사용하는 광경화수지 조형 방식(SLA: Stereo Lithographic Apparatus), 고체 상태의 필라멘트형 원료를 녹여 적층하는 압출 적층 방식(FDM: Fused Deposition Modeling), 분말을 레이저로 소결하는 선택적 레이저 소결 방식(SLS: Selective Laser Sintering)으로 분류된다. 광경화수지 조형 방식에 대한 특허권은 2004년 8월 만료되었고, 압출 적층 방식에 대한 특허권은 2009년 10월에 만료되어 오픈 소스 프로젝트인 렙랩(RepRap)이 탄생하여 3D 프린터가 대중화되었다. 그리고 마지막으로 선택적 레이저 소결 방식에 대한 특허권이 남아 있는 상황에서 3D 프린터 관계자들은 이 특허권의 소멸을 손꼽아 기다렸다. 이 특허권은 1986년 신청된 특허로부터 파생되어 1994년 출원, 1997년 1월 28일에 등록(미국 특허 US 5,597,589)되었다. 선택적 레이저 소결 방식은 레이저로 분말을 소결하고, 소결된 층을 아래로 내리면서 롤러를 이용하여 분말을 공급하며 반복적으로 작업한다. 이 방식은 다양한 재료, 특히 금속 분말을 사용할 수 있기 때문에 상용화에 큰 기대감을 걸 수밖에 없었다. 마침내 2014년 1월 28일,

선택적 레이저 소결 방식에 대한 특허권이 만료되었고, 3D 프린터 산업은 본격적인 성장 가도를 달릴 수 있었다. 어떤 산업이 성장하고 발전하는 과정에서, 사람들의 시선이 특허에 집중되는 세상이 되었다.

특허권은 일정 기간이 지나면 사회 공유 재산이 된다

특허권은 영원하지 않다. 3D 프린터의 특허권이 소멸하는 것처럼 말이다. 특허권은 특허가 등록된 날로부터 효력을 발휘하지만 그 존속 기간은 특허 신청일 후 20년이 되는 날까지이다. 즉, 존속 기간의 시작점은 특허 등록일이며, 종료점은 특허 신청일부터 계산하여 20년이 되는 날이다. 특허 신청일로부터 20년이 지나면 누구나 사용할 수 있는 공유 재산이 된다. 존속 기간을 20년으로 정한 까닭은 무엇일까? 특허권자는 대대손손 그 이익을 누리고 싶고, 다른 사람들은 특허권의 존속 기간이 짧기를 바랄 것이다. 그 합의점이 특허 신청일 후 20년이다. 특허 신청일로부터 20년이 지났다면 특허권자는 그 이익을 충분히 향유했다고 볼 수 있고, 그 후에는 특허를 사회에 환원해야 기술 발전에 걸림돌이 되지 않는다. 3D 프린터 시장이 확산되는 과정을 보면 특허권은 관련 산업이 태동하고 성장하는 데 기여한 후, 그 생명을 다하고 공공의 재산으로 전환된다. 특허권이 소멸되면 관련 분야에서 해당 기술이 활발히 활용되면서 또 다른 기술이 태동하는 밑거름이 만들어진다.

특허권의 존속 기간

　한편 특허권은 특허가 등록된 날로부터 그 효력을 발휘한다. 따라서 특허가 등록되지 않으면 특허라는 권리는 존재할 수가 없다. 우리 주변에서 특허를 신청한 사실을 홍보하는 경우가 많은데, 특허 등록이 이루어지지 않았다면 어떤 권리도 부여되지 않으므로 주의할 필요가 있다. 특허권이 늦게 등록되어도 그 수명이 짧아진다. 특허 신청 후에 심사에 소요된 시간이 10년이라면 특허권의 실제 존속 기간은 10년으로 짧아지게 된다. 이와 달리, 특허 신청 후 심사에 소요된 시간이 3년이라면 특허권의 실제 존속 기간은 17년이 된다. 즉, 특허권의 존속 기간은 특허 신청일을 기준으로 20년이지만, 그 권리는 특허등록 후에 발생한다.

　특허권의 존속 기간은 그 시작점을 '특허 신청일'로 고정시켜 놓았다. 왜 고정했을까? 수십 년 전에는 특허를 신청한 날이 아닌 특허를 '등록받은 날'로부터 17년간 특허권이 존속한다고 규정하고 있었다. 이러한 규정은 특허의 등록을 고의로 지연시켜 실질적으로 특허권의 존속 기간을 연장시키는 부작용을 양산하게 되었다. 특허를 신청한 후 등록을 지연시키거나 심사 기간을 질질 끌 수도 있다. 이보다 좋은 방법은 특허를 신청하고 이에 기초하여 분할하거나 연속적으로 특허를 신청하는 방식이다. 이렇게 특허가 등록되지 않은 상태를 오래 지속하면, 그 특허가 등록될 때쯤 세상에서 그 발명이 이미 일반적인 기술이 되고 만다. 잠수함이 수면 위로 모습을 드러내듯, 특허 가수면 아래 모습을 감추고 있다가 갑작스럽게 나타난다. 소위 '잠수함 특허'라고도 부른다. 이런 제도를 제대로 이용한 사람은 레멜슨(Jerome H. Lemelson)이다. 바코드 스캐닝에 대한 발명을 1954년 특허가 신청된 후 1993년까지 최대한 등록을 미루었고, 1989년 자동차 업계가 바코드 시스템을 도입하자 특허 로열티로 총 15억 달러를 받았다고 한다. 그 당시 미국 특허법은 '출원 공개' 제도를 도입하지 않아서 특허가 등록되기 전까지는 다른 사람이 이 특허의 존재를 알 수 있는 길이 전혀 없었다. 그야말로 특허가 '잠수를 탔다'고 말할 수 있다. 이러한 제도적 결함은 특허권자에게 이득이 될지는 몰라도, 산업 발전을 저해하며 특허법 제도의 근간을 흔드는 결과를 초래한다. 이러한 결함을 제거하고자 특허 등록일부터 기산하지 않고 특허 신청일로부터 존속 기간을 기산하는 규정으로 변경되었다. 2014년 1월에 만료된 선택적 레이저 소결 방식에 관한 미국 특허 US 5,597,589는 1986년 특허 신청에서 파생되었다. 고의적으로 '잠수함 특허'를 만들려고 한 것은 아니겠지만, 1986년 특허 신청 후 지속적인 후속 특허로 특허권의 소멸이 30년 가까이 지연되었다. 모두가 손꼽아 기다릴 수밖에 없는 상황이었다.

특허권의 존속 기간에 대한 특별한 예외가 있다. 특허권의 존속 기간이 특허 신청일로부터 20년보다 더 연장될 수도 있다. 이를 '존속 기간연장등록제도'라고 한다. 의약품이나 농약처럼, 허가 또는 등록을 위해 시험 등이 필요하여 특허권을 행사할 수 없었던 경우에 인정된다. 이러한 분야는 연구 개발 비용이 상당히 크지만, 허가나 등록을 받기 위해 시간이 소요되므로 특허권의 존속 기간이 실질적으로 감축된다. 특허권 존속 기간의 연장은 최대 5년까지만 가능하다. 특허권 존속 기간의 연장은 특허를 등록받은 후 특허권을 행사하지 못한 기간에 대해서만 인정된다. 백혈병 치료제로 유명한 '글리벡' 특허에 대하여 존속 기간이 연장된 경우가 그 예라고 할 수 있다. 한국 등록특허 제10-0261366호는 약사법에 따른 의약품 허가를 받기 위해 특허 등록 후 2개월간 특허권을 활용하지 못하였고, 이와 관련된 청구항은 전체 청구항 중 8개 항으로 특허 공보에 기록되어 있다. 이처럼 오리지널 의약품에 대한 특허권은 그 가치가 크기 때문에, 2개월의 연장 기간도 큰 의미를 갖게 된다.

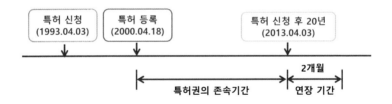

백혈병 치료제 '글리벡' 특허권의 존속 기간 연장

또한 특허 행정이 지연되어 실질적으로 특허권 존속 기간이 짧아지는 경우도 존속 기간을 연장해 준다. 특허 신청일로부터 존속 기간을 기산하기 때문에 발생하는 문제이다. 특허청이 특허 심사를 지연시켜 등록이 늦어지게 되면 그만큼 특허권이 늦게 발생된다. 특허권자는 특허청의 행정 절차로 인하여 피해를 받은 셈이다. 이에 일부 국가에서는 특허청이 특허 신청에 대하여 일정 기간 내에 특허를 심사하도록 규정하고 있으며, 이러한 규정을 지키지 않으면 특허권의 존속 기간을 연장시켜 주는 제도를 운영하고 있다. 한미 FTA의 합의 사항에 따라 우리나라도 특허청의 심사 지체로 인한 존속 기간 조정 규정을 도입하였다.

20년간 존속하는 특허는 일부에 불과하다

특허권은 무조건 특허 신청일로부터 20년간 존속하지 않는다. 특허권을 계속 유지시키려면 국가에 세금과 같은 관납료를 납부해야 한다. 특허를 등록할 때 등록료를 납부해야 특허권의 효력이 비로소 발생되고, 그 후에는 매년 연차료를 납부해야 특허권이 유지된다. 특허청에 등록료나 연차료를 납부해야 된다는 점에서 무조건 빨리 특허를 등록받을 필요는 없다. 기술 사업화 시기와 유지 비용을 감안해서 특허를 등록시켜야 한다. 이러한 속도 조절은 심사청구 시기를 조정함으로써 가능하다. 일부 국가에서 등록료나 연차료는 청구항의 개수에 따라 산정되므로 등록료나 연차료를 납부할 때 청구항의 일부를 포기하여 비용을 절감할 수도 있다.

특허를 등록받았다고 20년간 계속해서 연차료를 납부할 필요가 있을까? 등록된 특허가 제품에 사용되거나 사용될 가능성이 없다면 연차료의 납부는 낭비가 된다. 연차료를 납부하기 전에 등록된 특허에 대한 평가를 진행하는 것이 바람직하다. 매년 특허를 대량으로 신청을 하는 기업은 적정한 수준의 특허 건수를 감안해서 선별적으로 특허 연차료를 납부하고 있다. 보통 특허를 신청한 지 10년이 지나면 50% 정도만 특허권이 유효하게 존속한다.

어떤 기업의 특허 유지 기간이 다른 기업보다 상대적으로 짧다면 혹시 불필요한 특허 신청이 진행되고 있는지를 검토할 필요가 있다. 국가 차원에서 특허권의 유지도 국가경쟁력을 가늠하는 잣대가 될 수 있다. 만일 한국 기업들의 특허 유지 기간이 증가하고 있다면, 한국 기업의 특허가 필수적으로 사용되는 기술에 집중되어 특허 가치가 그만큼 상승했다고 평가할 수 있다.

우리의 생각보다 특허권의 유지 기간이 짧은 이유는 무엇일까? 제품과 특허 신청 개수의 관계를 생각해 보면 쉽게 이해할 수 있다. 일반적으로 알려진 제품 생애 주기(Product Life Cycle)와 특허의 관계에 대해 생각해 보자. 다음 그림에서 제품 생애에 따른 특허의 개수 및 특허의 가치를 확인할 수 있다. 제품 생애 주기는 새로운 제품이 나타나는 도입기, 판매량이 증가하는 성장기, 시장이 포화되는 성숙기, 제품이 점차 사라지는 쇠퇴기로 구분할 수 있다. 도입기 이전부터 원천 특허는 일반적으로 존재한다. 이때 특허의 개수는 극소수이고 권리 범위가 넓어 특허의 가치는 엄청나다. 도입기에서 특허의 개수, 즉 연구 개발은 서서히 증가하지만, 도입기에서 성장기로 접어들면서 관련 특허는 폭발적으로 증가하고, 특허의 개수가 많아진 만큼 특허의 가치도 급격히 떨어진다. 특히 경쟁이 치열해지면서 많은 기업에 관련 특허들이 분산된다. 성숙기를 지나면서 더 이상 연구 개발이 이루지지 않아 특허의 개수도 급감한다. 쇠퇴기에 차세대 제품에 대한 연구 개발과 원천 특허가 서서히 출현하면서 동일한 사이클(점선)이 반복적으로 진행된다.

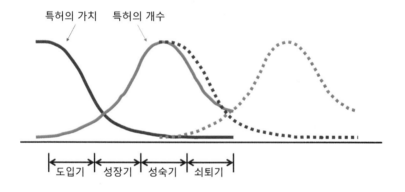

제품 생애 주기와 특허의 관계

도입기까지 출현한 특허는 특허의 가치가 높으므로 그 존속 기간을 20년간 채울 수도 있다. 하지만 성장기, 성숙기, 쇠퇴기에 출현한 특허는 제품이 발전하고 변형됨에 따라 더 이상 제품에 적용되지 않는 경우가 상당히 많아지게 된다. 결국 시기가 늦은 특허일수록 그 가치가 낮아지게 되고, 대부분의 특허권은 계속 유지할 이유가 없어지게 된다. 우리가 상식적으로 생각할 때 모든 특허는 상당한 가치를 지니고 있다고 생각하지만, 실상은 그렇지 않다. 특허가 신청되고 10년이 지나면 50%만 유지된다는 점에서, 제품에 실제 적용되는 특허는 50%보다 훨씬 적음을 짐작할 수 있다.

핵 심 포 인 트

- 특허권은 특허가 등록된 날로부터 특허 신청일 후 20년이 되는 날까지 존속하고, 사회 공유 재산으로 전환된다.
- 특허권이 소멸되면, 관련 분야에서 해당 기술이 활발히 활용되면서 기술이 발전할 수 있다.
- 특허권 존속 기간은 의약품 또는 농약에 대한 특허권을 행사할 수 없었던 경우나 특허청의 심사가 지연된 경우 연장될 수 있다.
- 특허권은 세금과 같은 연차료를 납부해야 유지할 수 있으며, 불필요한 특허는 연차료를 납부하지 않고 소멸시킬 수 있다.
- 제품 생애 주기에서 도입기에는 특허의 개수가 극소수이고 권리 범위도 넓지만, 시기가 늦은 특허일수록 특허의 가치가 낮아진다.
- 제품 생애 주기에서 성장기에 특허의 개수는 폭발적으로 증가하고, 특허의 가치는 급격히 떨어진다.

04
디자인 특허, 혁신 제품을 지켜 내는
또 다른 무기가 되다

2011년, 애플은 삼성에 스마트폰 관련 침해 소송을 제기했다. 한국 사람들은 이 소송에 다음과 같은 의구심을 품었다. 첨단 기술에 대한 특허를 1만 건 가지고 있는 삼성을 상대로 소송을 제기하다니, 애플이 제정신인가? 애플은 휴대폰을 판매한 적도 없으면서 갑자기 스마트폰을 세상에 내놓았는데, 과연 특허가 얼마나 있을까?

아이폰의 둥근 모서리는 애플의 디자인 특허권이다?

우리의 예상대로 당연히 애플은 통신이나 반도체, 디스플레이와 같은 첨단 기술에 대한 특허는 없었다. 애플은 대부분의 부품을 삼성 등에서 조달하고, 폭스콘에 위탁하여 아이폰을 생산하였기 때문이다. 그런데 한국에 충격을 준 반전이 생긴다. 바로 애플이 '디자인 특허'라는 이상한 무기를 전면에 내세운 일이다. 삼성의 첨단 기술에 대한 특허에 대항해 별 볼 일 없어 보이는 여러 개의 디자인 특허를 전면에 내세워 삼성을 공격했다. 두 회사는 디자인권을 두고 이례적으로 대법원까지 소송을 진행하다가 2018년 합의로 분쟁을 종료하였다.

애플의 주장 중에 '아이폰의 둥근 모서리는 애플의 디자인권이다'라는 부분이 가장 충격으로 다가왔다. 애플은 다음과 같이 스마트폰의 둥근 모서리를 디자인 특허로 등록하였다.

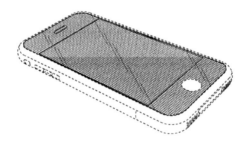

애플의 스마트폰 '둥근 모서리'에 대한 디자인 특허
미국 등록디자인 US D618,677

아이폰의 둥근 모서리에 대한 디자인 특허가 한국에서 큰 화두가 되었다. 스마트폰의 둥근 모서리는 제품 그 자체이기 때문에, 애플의 주장은 스마트폰을 만들지 말라는 얘기나 다름없었다. 자연스럽게 애플과 삼성은 이 디자인권을 소송의 중심에 두고 다투었다. 2015년 삼성은 미국 특허청으로부터 이 디자인 등록에 대한 무효 결정을 이끌어 내는 데 성공하여 만만치 않은 방어력을 보여 주었다. 이 디자인 특허는 2018년 양측의 합의 직전의 판결까지 손해배상 산정의 기초가 될 정도로 중요한 특허였다.

한국에서 많은 사람들이 스마트폰의 둥근 모서리 따위가 특허로 보호되는 일은 말이 되지 않는다고 말했다. 이러한 현실을 반대로 생각하면, 한국은 디자인 보호에 대한 인식이 낮다고 해석할 수 있다. 한국은 기술에 대한 특허의 중요성은 누구나 인정하지만, 디자인 따위가 무슨 권리가 될 수 있느냐는 고정 관념이 있었다. 미국이나 중국 특허법은 특허의 한 종류로 디자인이 있고, '디자인 특허'라는 용어를 사용한다. 한국 사람들은 '디자인 특허'라는 용어가 틀린 말이라고 하거나 어색하다고 하지만, 일부러 이 용어를 사용하고 시야를 넓히는 편이 낫지 않을까 싶다.

디자이너는 스마트폰의 형태에 디자인적 요소를 부가할 수 있는 부분이 별로 없다. 디자이너는 오랜 고민 끝에 아이폰의 둥근 모서리를 디자인했을 듯하다. 애플과 삼성의 소송 이후에, 특허 침해 문제가 생기지 않도록 아이폰의 둥근 모서리와 다른 형태로 스마트폰이 많이 만들어졌다. 둥근 모서리를 작게 하거나 아예 직사각형으로 만들었다. 하지만 이러한 형태는 소비자에게 사랑받지 못하고 외면당했다. 이런 사실에 비추어 보면, 아이폰의 둥근 모서리는 디자인으로 상당한 의미가 있음을 알 수 있다.

스마트폰의 둥근 모서리에 대한 디자인 특허는 눈에 뻔히 보이는 권리이다. 이를 근거로 스티브 잡스는 삼성을 '카피 캣(copy cat)'이라고 비판했으며, 별 볼 일 없을 것 같던 디자인 특허는 원조와 짝퉁을 구분하는 기준처럼 작용했다. 2012년 미국 소송에서 배심원단도 어렵지 않게 디자인 특허의 침해를 판단했고, 미국 법원은 10억 달러라는 거액의 손해배상을 판결했다. 이런 현상을 보면 디자인 특허는 기술에 대한 특허보다 더 강력해 보인다. 기술이 상향 평준화 되면서 앞으로 디자인의 중요성은 더욱 부각될 것이다. 특히 중국 등 다른 나라에서 만든 제품과 한국 제품 사이의 기술 격차가 줄어들면 한국 제품은 사람의 감성을 자극하는 디자인으로 승부해야 한다. 기술 수준이 평준화될 때 디자인이 중요하다는 사실은 역사적으로 유럽, 미국, 일본에서 차례차례 겪은 일들이다. 이제 한국 기업도 기술뿐만 아니라 제품 자체를 표상하는 디자인을 등록하고 사업을 지키려는 노력을 해야 할 때이다.

토끼 모양 '라비또', 깜찍한 디자인으로 세계를 사로잡다

애플과 삼성의 글로벌 분쟁이 소개되어, 디자인 특허는 글로벌 기업에 국한된다고 생각할 수 있지만 그렇지 않다. 글로벌 기업 또는 대기업은 이미 첨단 기술을 개발하면서 수많은 특허로 무장하고 커다란 장벽으로 자신을 보호하는 반면, 스타트업 또는 중소기업은 이러한 장벽을 넘기 어려운 상황이다. 따라서 디자인 특허는 어쩌면 대기업보다 스타트업과 중소기업에게 적합하고 그 의미가 크다. 애플은 휴대폰 분야에서 후발 주자였으며, 이와 관련된 첨단 기술을 개발한 경험이 없었기 때문에, 애플이 삼성의 기술 특허에 디자인 특허로 맞선 이치를 곱씹어 보자. 이제 한국의 스타트업과 중소기업이 어떻게 성장해 나가야 하는지 알려 주는 사례를 함께 살펴본다.

다음의 깜찍한 스마트폰 케이스는 곽미나 대표의 디자인이다. 곽미나 대표는 2010년 영국으로 유학길을 떠났다가 현지 디자인 전시회에 토끼 귀 모양의 스마트폰 케이스를 출품하였다. 해외 바이어들은 이 스마트폰 케이스에 엄청난 호응을 해 주었고, 이러한 호응에 힘입어 곽미나 대표는 ㈜라비또를 창업하게 되었다. 특히 라비또의 토끼 귀와 꼬리털이 달린 스마트폰 케이스를 사용하는 해외 스타들의 통화하는 모습이 매스컴에 오르내리자

라비또의 스마트폰 케이스
출처: 라비또 네이버 스마트스토어

급속한 입소문을 타게 된다. 라비또는 창업 초기부터 제품을 전세계에 판매하는 커다란 성공을 거두었다.

　라비또는 독특한 디자인을 발판으로 창업된 회사인 만큼, 제품을 직접 생산할 필요는 없었다. 보통 한국에서 기술 경쟁력을 기반으로 혁신 제품이 탄생한다는 고정 관념이 있는데, 디자인이 핵심 경쟁력이라서 좀 어색하다. 규모가 있는 기업이 아닌 스타트업이 기술을 자체 개발한다는 것은 어려운 일이며, 디자인을 경쟁력으로 내세우는 편이 더 유리하다. 디자인이 핵심 경쟁력이라면 디자인 특허를 확보해야 하고, 이 디자인 특허는 우후죽순 등장하는 모조품의 생산과 판매를 막을 수 있는 해결사가 된다. 다음과 같이 곽미나 대표는 기본적인 디자인인 토끼 귀가 달린 스마트폰 케이스와 토끼 귀와 꼬리가 달린 디자인을 등록한다.

라비또의 디자인 특허
등록 디자인 제30-0600219호, 제30-0721123호

곽미나 대표는 제품에 적용된 디자인 외에도 다음과 같이 한쪽 귀가 꺾인 디자인을 등록한다. 그 당시에는 유선 이어폰을 사용하였고, 토끼 귀에 이어폰을 감았으므로 귀가 꺾인 디자인을 어느 정도 예상한 듯하다. 인기를 끄는 제품일수록 변형된 디자인이 나올 가능성이 높은 만큼, 기본적이고 핵심적인 디자인 외에 변형된 디자인까지 등록하기 위한 노력이 중요하다. 이러한 디자인 특허는 다른 사람이 변형된 디자인으로 시장에 진입하려는 시도를 차단할 수 있다.

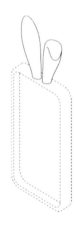

라비또의 꺾인 귀 디자인 특허
등록 디자인 제30-0629114호

곽미나 대표의 예상대로 다음과 같은 디자인이 등록된다. 이에 곽미나 대표는 다른 사람의 등록 디자인에 대해 무효 심판을 청구한다. 특허심판원(2012당357)은 곽미나 대표가 먼저 신청한 디자인과 다른 사람의 디자인을 비교할 때, 양 디자인은 주요 창작적 모티브와 지배적인 특징이 공통되고 그로 인해 '한쪽은 쫑긋하게 서고 다른 쪽은 꺾인 토끼의 귀'를 연상시킨다는 점에서 디자인이 유사하므로 다른 사람의 등록 디자인은 무효라고 판단하였다. 곽미나 대표는 자신의 디자인 특허권을 행사하고, 다른 사람의 디자인 등록을 무효로 만들면서 자신의 사업을 지켜 냈다.

다른 사람의 꺾인 귀 디자인
등록 디자인 제30-0622385호

디자인이 곽미나 대표의 핵심 경쟁력이지만 브랜드도 상표권으로 확보해야 한다. 브랜드는 소비자와 소통할 수 있도록 도우며, 다른 제품이나 디자인을 연결해 주는 경영 자산이기 때문이

라비또의 상표권
상표등록 제40-0891809호

다. 곽미나 대표는 영어 '래빗(rabbit)'과 한글 '토끼'를 합성하여 '라비또(rabito)'라는 브랜드를 확정하고, 상표를 등록하였다.

곽미나 대표는 디자인 특허권과 상표권이라는 지식재산에 기반을 두고 라비또를 2011년 4월에 성공적으로 창업하였다. 창업한 달 뒤부터 영국, 이탈리아, 미국의 백화점 등에 라비또의 상품이 진열되는 큰 성과를 거두었다. 토끼 모양 스마트폰 케이스가 유명해지자, 곽미나 대표는 토끼 모양 디자인을 다양하게 응용하여 사업을 확장했다. 토끼 모양 디자인은 머그컵, 빈백(bean bag) 소파, 유아용 의자, 케이블 홀더, 모니터 메모보드에 응용되어 상품화되었다.

라비또의 토끼 모양 디자인은 단순히 한 제품의 디자인이 아닌 브랜드가 되었다. 토끼 모양 디자인은 라비또의 브랜드 아이덴티

라비또의 다양한 디자인 특허
등록 디자인 제30-0767994호, 제30-0779361호, 제30-0855961호,
제30-0703833호, 제30-0721137호

티로 자리 잡고 꾸준히 응용되어 사업 확장의 중심이 되었다. 기존에는 기술이 밥 먹여 준다고 했지만, 이제는 기술만이 혁신의 대상이 아니고 사람의 감성을 자극하는 디자인도 중요하다. 라비또 사례는 기술을 중심에 두지 않는 스타트업이나 중소기업이 어떻게 사업을 보호하고 확장해야 하는지 큰 영감을 준다.

크록스, 부분 디자인으로 폭넓은 권리를 확보하다

크록스(Crocs) 신발은 발의 편안함으로 전 세계에서 인기가 있다. 발을 편안하게 하기 위하여 투박하게 만든 '넓고 둥근 앞부분(갑피, upper)'이 디자인의 핵심 부분이다. 그렇다면 항상 제품 전체를 디자인 특허로 주장해야 할까? 그렇지 않다. 디자이너의 주관적인 생각대로 제품 중 창작한 주요 부분을 특정하여 디자인 특허를 확보하는 방법이 있다. 바로 '부분 디자인'이라는 개념이다. 크록스 제품에서 소비자에게 잘 보이지도 않고, 중요하지 않은 발바닥이 닿는 안창과 땅바닥이 닿는 밑창을 제외하고 다음과 같이 디자인을 등록했다.

크록스의 부분 디자인 특허
등록 디자인 제30-0784146호

부분 디자인 제도는 디자이너의 주관적 의사를 관철시켜 디자인을 등록하고, 제품 디자인이 변형되었지만 디자인의 주요 부분을 모방하였다면 특허권의 침해로 해석될 수 있게 만들어 준다. 크록스가 이렇게 디자인 특허를 확보한 상태에서 다른 회사가 넓고 둥근 앞부분을 모방하면서 안 창 또는 밑창의 모양을 변형하여 제조 또는 판매하더라도 크록스의 디자인 특허를 침해하게 된다. 결국 부분 디자인 제도를 이용하면 디자인의 구성 요소를 최소화하여 디자인 특허의 권리 범위를 넓힐 수 있다. 앞에서 말한 구성 요소 완비 원칙과 동일하게, 다른 제품이 디자인 특허의 최소화된 구성 요소를 모두 포함하고 있는지의 여부가 디자인 특허권의 침해를 결정하게 된다.

앞에서 살펴본 바와 같이 디자인은 도면이나 사진으로 정의된다. 발명은 청구항에 글로 기재하여 정의하지만, 디자인은 제품의 형태이므로 글로 정의할 수 없다. 도면이 곧 디자인을 정의하고, 디자인이 등록되면 도면이 디자인 특허의 권리 범위를 결정한다. 부분 디자인은 사진으로 표현되는 경우 채색하여 등록받고자 하는 부분을 표시하고, 도면으로 표현하는 경우 점선과 실선으로 등록 받고자 하는 부분을 특정한다.

디자인은 보통 제품의 형태에 고정된다. 그런데 스마트폰의 등장으로 화면에 잠시 나타났다가 사라지는 아이콘, 유저 인터페이스, 캐릭터 디자인도 보호해야 하는지 논란이 있었다. 화면에 나타나는 디자인이 상업적으로 중요해지면서 결국 디자인으로 보호하는 대상이 되었고, 이를 '화면 디자인'이라고 부르고 있다. 화면 디자인은 스마트폰, 스마트워치, 컴퓨터, 텔레비전을 넘어 냉장고, 세탁기 등 모든 전자 제품과 관련되는 중요한 디자인 특허가 되었다. 화면 디자인은 그 속성상 제품의 일부일 수밖에 없으므로 부분 디자인 제도를 이용하여 등록되고 있다.

어떤 제품의 전체 또는 부분을 디자인 특허로 등록할 수 있지만, 제품을 부품별로 나누어 디자인을 등록하는 방법도 생각해야 한다. 예를 들어, 구두에 대한 디자인이라면, 구두 뒷굽, 구두 갑피(upper), 버클, 장식품 등에 대한 디자인을 별도로 등록받을 수 있다. 구두 부품에 대한 디자인 특허는 구성 요소가 줄어들어 권리 범위가 넓고, 다양한 구두 제품과 연계되어 활용될 수 있는 장점이 있다.

핵 심 포 인 트

- 제품 자체를 표상하는 디자인은 디자인 특허로 등록될 수 있고, 사업을 지켜내는 무기로 활용할 수 있다.
- 디자인 특허는 대기업뿐만 아니라 스타트업과 중소기업에게 적합한 지식재산권이다.
- 브랜드는 상표로 등록하여 독점적으로 사용할 수 있으며, 제품이나 디자인을 연결해 주는 경영 자산으로 활용된다.
- 부분 디자인 제도를 통하여, 디자이너의 주관적인 생각대로 제품 중 창작한 주요 부분을 특정하여 디자인을 등록할 수 있다.
- 전자 제품에서 아이콘, 유저 인터페이스 등을 화면 디자인 제도를 통하여 디자인 특허로 등록하고 있다.
- 제품을 부품별로 나누어 디자인을 등록하면 디자인 특허의 권리 범위가 넓어지고, 다양한 제품과 연계되어 활용될 수 있다.
- 도면으로 정의된 디자인의 구성 요소를 최소화하면 디자인 특허의 권리 범위를 넓힐 수 있다.

05
노바티스,
특허권의 불로영생을 꿈꾸다

백혈병 치료제 '글리벡'에 대한 특허권 존속 기간이 2013년 드디어 만료되었다. 한국 제약회사들은 이 특허의 소멸을 손꼽아 기다렸다. 하지만, 또 다른 특허가 기다리고 있었다. '고용량'의 글리벡 특허가 바로 그것이다.

보령제약, 노바티스를 상대로 특허무효소송에서 승소하다

백혈병 치료제 '글리벡'은 스위스의 노바티스(Novartis)에서 출시한 의약품이다. 글리벡의 성분은 이매티닙 메실산염이며, 만성 골수성 백혈병 및 위장관 기질종양 등에 효과가 있다. 이매티닙에 메실산염을 붙이고 베타결정형으로 만들었다. 이매티닙은 암세포만 공격하는 표적 공격이 가능한 치료 물질로써, 백혈병 환자에게는 생명 유지를 위하여 반드시 필요한 의약품이다. 하지만 특허로 보호받으면서 고가에 판매되어 많은 논란에 휩싸였으며, 여러 국가에서 특허를 인정하지 않으려는 판결이 계속 나왔다. 대표적으로 2013년 4월, 인도 대법원은 노바티스가 특허를 신청한 베타 버전의 이매티닙 메실산염(Imatinib Mesylate)에 대한 특허를 인정하지 않는다고 판시하였다.

노바티스의 이매티닙 메실산염에 대한 특허권은 인도와 동일하게 한국에도 있다. 1993년에 특허를 신청하여 2000년에 등록(제10-0261366호)받았다. 인도에서는 이 특허가 논란이 되었으나, 한국에서는 이에 대한 특허성 유무가 다투어지지 않았다. 국내 제약사는 복제약을 판매하기 위해, 글리벡 특허의 소멸을 손꼽아 기다렸다. 특허를 신청 후 20년이라는 세월이 흘러, 드디어 2013년 6월에 특허권의 존속 기간이 만료되었다. 하지만 노바티스는 '고용량'의 이매티닙 메실산염에 대한 특허를 별도로 등록하여, 복제약의 생산을 막으려 했다. 일반적으로 오리지널 제약사는 20년의 특허 존속 기간을 향유한 후에도 별도의 특허들을 등록하여 독점 판매 기간을 연장하는 전략을 취한다.

보령제약은 노바티스의 고용량 특허(글리벡)에 대한 무효 심판을 제기하여 대법원까지 진행된 소송에서 2014년 4월 11일 최종 승소하였다. 특허심판원의 심결문(2011당2999)에서 "이 특허 이전부터 환자의 복약 편의성을 개선시키고자 이매티닙의 함량이 높은 정제를 제조하고자 하는 동기가 있었고, 정제 내 이매티닙의 함량비를 높이는 데 기술적 어려움이 없다."고 하여 진보성을 부정하였다. 단지, 의약품을 고용량으로 만드는 것에 특허성을 인정할 수 없다는 의미였다. 이 소송을 계기로 보령제약은 '글리마 정'이라는 복제약(제네릭 제품)을 판매하고 있다. '글리마 정'은 100mg뿐만 아니라 고용량의 200mg, 400mg 제품도 있다. 성인이 400mg 용량을 복약해야 하는 경우, 하루에 1회 1정만 복용하여 환자에게 편의성을 제공하였다.

　노바티스는 글리벡에 대한 특허권을 계속 유지하고자 고용량에 대한 특허를 등록받았다. 이를 '에버그리닝(Evergreening) 전략'이라고 부른다. 의약품과 같은 화학 분야에서 어떤 물질에 대한 특허는 단 1개만 있을 수밖에 없다. 하지만 제약사는 20년 동안만 고가의 약품을 판매하는 것이 아쉬운 만큼, 용량이나 용법 등 다양한 방법으로 특허를 이어 나가고 싶어 한다. 노바티스는 고용량 특허로 특허권의 불로영생을 꿈꾸었지만, 그 꿈을 이루지 못했다.

특허의 생명력을 다른 특허로 연장시키다

특허권은 신청일로부터 20년이 되면 소멸된다. 그렇다면, 특허권의 불로영생을 꿈꾼다는 건 불가능할까? 특허권자는 자신의 기술을 특허로 영원히 살아 숨 쉬게 하고 싶은 욕망이 있다. 이러한 시도는 산업 분야마다 다른 방식을 취한다. 크게 화학 분야와 그 외의 분야로 나누어 생각해 볼 수 있다.

화학 분야는 물질에 대한 특허를 다룬다. 물질 특허는 화학식으로 정의되므로 여러 개의 특허가 있을 수 없다. 대표적인 분야가 의약품이다. 글리벡의 중요 성분이 이매티닙 메실산염이라면 그 화학식은 분명하다. 따라서 개량 발명이 나오기 어렵다. 이는 특허가 분산되지 않는다는 것을 의미한다. 오리지널 제약사는 자신만 특허권을 가지고 있기 때문에 다른 기업이 복제약을 생산하는 것을 막고 독점하는 것이 가능해진다. 오리지널 제약사는 막대한 자금을 들여 신약을 개발했다. 하지만 특허권의 존속 기간이 만료되면 더 이상 복제약을 막기 어렵다. 특허를 신청한 후 임상 단계와 상업화에 소요되는 기간을 생각하면, 오리지널 제약사는 20년이라는 존속 기간이 짧게만 느껴진다. 이러한 배경에서 자신의 수익을 극대화하는 경영 전략을 취할 수밖에 없다.

노바티스가 시도한 것처럼 오리지널 제약사는 에버그리닝 전략을 사용한다. 오리지널 제약사는 특허받은 의약품의 독점권을 연장시키기 위해 후속 특허를 신청한다. 쉽게 말하면, 원천적인 물질 특허 이후에 제형, 제법, 결정형, 이성질체, 염 등의 후속 특허를 획득하는 전략이다. 신물질 개발, 전임상 시험, 임상 시험, 시판 과정에서 파생되는 모든 것을 특허로 신청한다. 이렇게 후속 특허를 출원하면, 신물질에 대한 특허권의 존속 기간이 만료하여도 후속 특허권이 존속되게 되어 시장 독점력을 계속 유지할 수 있게 된다.

에버그리닝 전략에 대해 개발도상국이나 일반 소비자는 강한 반발을 하겠지만, 다국적 제약사는 신약 개발에 막대한 비용을 투자하였기 때문에 정당하다고 생각한다. 복제약(제네릭 의약품)을 많이 생산하는 한국 현실을 감안하면 에버그리닝에 대한 우리 기업의 입장은 비판적일 수밖에 없다. 그러나 우리 제약 산업이 발전하여 신약이 속속 개발된다면, 그 입장은 정반대가 될 것이다.

반면에 전자, 기계 등의 분야에서는 특허의 개수가 많기 때문에 여러 기업에 특허가 분산되기 마련이다. 하나의 특허가 관련 기술에서 차지하는 비중이 아주 적고, 화학 분야의 특허에 비하면 그 가치는 크지 않다. 반면 이 분야는 원천 기술 외에도 개량 기술이 연속적으로 개발되므로 특허권자는 20년이라는 존속 기간을 크게 의식하지 않는다. 오히려 후속 기술이나 개량 기술에 대한 특허를 연속적으로 신청하는 데 중점을 둔다. 자연스럽게 특허권의 생명력이 이어진다. 또한 제품의 수명도 짧기 때문에 특허가 존속하는 기간도 7~10년으로 짧은 양상을 보인다.

이 분야의 대표적인 예는 3D 프린터다. 3D 프린터는 30년이라는 역사를 가지고 있다. 30년 동안 3D 프린터는 다양한 기술이 조합되어 특허 복합체로 성장하였다. 선택적 레이저 소결 방식에 대한 특허권(US 5,597,589)이 2014년 1월에 존속 기간이 만료되어 큰 기대를 모았다. 과연 3D 프린터 산업은 이 특허의 만료로 새로운 국면을 맞이할까?

3D 프린터는 3D 시스템즈(3D systems), 스트라타시스(Stratasys), 후지츠(Fujitsu), NEC 등 10개 이상의 기업이 연구 개발에 참여했다. 1980년부터 2013년까지 특허 신청이 끊임없이 이어졌다. 이

러한 양상을 보면, 선택적 레이저 소결 방식에 대한 특허의 존속 기간이 만료되어도 큰 변화가 기대되지 않는다. 이 원천 특허가 소멸되더라도 후속 특허들의 영향력도 만만치 않기 때문이다. 특허의 존속 기간 만료보다는 시장이 새롭게 형성되어 수요가 크게 증가하는 상황이 새로운 국면을 만들 가능성이 크다. 수요의 변화가 일어나면 특허가 여러 회사에 분산되어 있기 때문에 합종연횡과 협상으로 시장의 수요에 적절하게 대응하고, 소비자는 저렴한 가격으로 이용할 수 있게 된다. 이러한 분야는 끊임없는 기술 개발로 특허권을 계속 확보하는 방법이 불로영생의 꿈을 이루는 길이라 할 수 있다.

특허권을 다른 지식재산권과 연계시켜라

특허권의 존속 기간이 만료되면 시장에서 더 이상 제품을 보호할 수 없게 된다. 특허권으로 보호할 수 없다면 다른 지식재산권으로 보호받아야 한다. 어떤 기업이든 이러한 전략은 생존을 위해 반드시 필요하다. 특허권보다 보호기간이 더 긴 지식재산권을 생각해 보자. 상표권은 상표 등록일로부터 10년간 존속하지만, 10년마다 갱신하여 오랫동안 유지할 수 있다. 영업 비밀은 비밀이 유지되는 한 계속 보호받을 수 있다. 따라서 특허권이 만료되더라도 상표권이나 영업 비밀을 이용하여 기업의 경쟁력을 계속 유지할 수 있다.

특허권이 만료되었지만 상표로 기업 경쟁력을 유지한 사례가 있다. 바로 뉴트라스위트(Nutrasweet)이다. 1965년에 아스파탐이 발견된 후, 1981년 '뉴트라스위트'는 아스파탐에 대한 브랜드로 사용되었다. 아스파탐은 설탕 대용제로 사용되는 인공 감미료이기 때문에, 독립된 제품으로 판매되지 않아 소비자에게 직접 다가갈 수 없었다. 뉴트라스위트 컴퍼니는 코카콜라와 협력하여 코카콜라 라이트와 같은 제품에 아스파탐을 사용하였고, 저칼로리 감미료의 브랜드로 '뉴트라 스위트'를 홍보하여 성공을 거두게 되었다. 아스파탐에 대한 특허권이 만료되어 어떤 회사든지 아스파탐을 제조하고 판매할 수 있는 상황에서 '뉴트라스위트'라는 상표를 소비자에게 홍보하여 기업 경쟁력을 계속 유지하였다. 다만 상표가 점차 유명해져 소비자들 사이에서 어떤 상품의 보통 명칭으로 인식되고 사용됨으로써 브랜드의 기능을 잃게 되면 더 이상 권리를 주장할 수 없게 된다. 이를 '상표의 보통 명칭화'라고 한다. 우리나라에서 보통 명칭으로 되어 버린 대표적인 상표는 '초코파이'다. 상표권자는 자신의 상표를 보통 명칭으로 사용하지 않도록 꾸준히 관리해 나가야 한다.

우리는 영업 비밀과 특허 중 어느 하나의 방법으로 기술을 보호해야 한다는 사실을 알고 있다. 리버스 엔지니어링(Reverse engineering)이 가능한 기술은 특허권으로 보호하되, 제조 조건이나 관리 방법에 관한 기술은 영업 비밀로 보호하는 전략이 필요하다. 이 전략은 특허권의 존속 기간과 관계없이 기술적 우위를 유지하며 시장에서 제품을 보호하는 방안으로 활용된다. 제품에 직접 나타나는 부분을 제외하고 영업 비밀로 보호할 대상을 선정한 후, 특허 명세서에 이 부분이 기재되지 않도록 관리할 필요도 있다. 만일 영업 비밀로 계속 보호할 수 없는 상황이 발생한다면, 이러한 영업 비밀을 특허권으로 전환하면 된다.

디자인이 브랜드로 기능하기도 하는데, 이를 '디자인의 브랜드화'라고 말할 수 있다. 디자인 자체가 소비자에게 브랜드로 다가가는 예는 명품 가방이 대표적이다. 디자인 특허권도 존속 기간이 만료하면 소멸하지만, 디자인의 브랜드 기능으로 인하여 상표권으로 쉽게 전환하는 사례가 많다. 다음의 크록스 사례처럼, 신발의 디자인이지만 입체적 형상 자체가 소비자에게 브랜드로 충분히 인식되었다는 이유로 상표로 등록 받았다. 입체 상표는 디자인과 중복되는 영역이 많으며, 소비자에게 브랜드로 인식되었는지 여부가 상표 등록에 결정적인 영향을 미친다. 일단 디자인이 입체 상표로 등록되면, 그 제품이 계속 판매되는 한 영원히 상표권을 유지할 수 있다.

크록스의 상표권
상표 등록 제40-1165784호

- 화학 분야에서 물질 특허는 개량 발명이 나오기 어렵고 특허가 분산되지 않으므로, 특허권자는 시장을 독점할 수 있다.

- 오리지널 제약사는 시장의 독점을 위하여 물질 특허 외의 후속 특허를 획득하기 위한 에버그리닝 전략을 구사한다.

- 물질 특허 외의 분야는 후속 기술이나 개량 기술에 대한 특허를 연속적으로 신청하여 기업의 경쟁력을 유지할 수 있다.

- 물질에 대한 특허권이 만료되기 전에 상표권을 확보하고, 브랜드를 소비자에게 홍보하여 특허권 소멸에 대비해야 한다.

- 특허권이 만료되더라도 리버스 엔지니어링이 불가능한 기술 정보를 영업 비밀로 관리하여 기술적 우위를 유지할 수 있다.

- 디자인이 브랜드의 기능을 수행하면 디자인 특허가 소멸하더라도 입체 상표로 등록할 수 있다.

제4장

특허, 세상을 지배하다

01
퀄컴, 특허 경영으로
세상을 지배하다

▼

퀄컴의 비즈니스 모델은 단순히 제품을 생산하여 판매하는 방식이 아니다. 퀄컴은 반도체 칩을 판매하여 기술을 확산시키고, 확산된 기술을 사용하는 제조업체로부터 특허 로열티를 받고 있다. 이 특허 로열티는 다시 연구 개발에 투자되고, 퀄컴은 기술 주도권을 계속 유지하고 있다.

퀄컴, 새로운 비즈니스 모델을 만들다

퀄컴(Qualcomm)은 1985년 설립되어 CDMA(Code Division Multiple Access) 기술을 상용화한 회사이다. 특히 우리나라는 1996년 원천 기술을 보유한 퀄컴과 기술제휴를 통해 CDMA를 세계 최초로 상용화하는 데 성공하였는데, 그 중심에 한국전자통신연구원이 있었다. 한국전자통신연구원은 퀄컴에 연구 개발비로 120억 원을 제공했다고 한다. 이에 대한 대가로 한국전자통신연구원은 퀄컴이 한국 제조업체로부터 받는 로열티의 20%를 받기로 합의하였으며, 이를 계기로 한국전자통신 연구원은 우리나라에서 독보적인 특허 로열티 수익을 올릴 수 있었다.

퀄컴은 혁신 기업으로서 자신의 아이디어를 특허로 보호한 채 새로운 비즈니스 모델을 세상에 선보였다. 그러나 초창기의 퀄컴은 CDMA 기술을 개발하였지만, 자신의 비즈니스 모델을 결정하지 못하고 있었다. 독보적인 CDMA 기술을 확보하고 있었기 때문에 라이선스 업체가 될 수도 있었으며, 직접 제품을 생산할 수도 있었다. 일반적으로 벤처기업이 대기업들과 경쟁하기 위해 제품을 생산하는 것은 쉽지 않은 일이다. 많은 자본을 투자해야 하며, 재고 관리 등 리스크가 크기 때문이다. CDMA 기술이 적용된 휴대폰이나 네트워크 장비를 생산한다는 것은 실로 엄청난 자본을 투하해야 하는 일이었다.

퀄컴은 기술 확산을 위하여 라이선스와 제품 생산을 적절히 배합해야 한다고 생각했다. 결국 퀄컴은 라이선스 사업을 진행하되, CDMA를 구성하는 핵심 제품을 생산하기로 결정하였다. 제품 생산은 CDMA 신호 처리를 담당하는 반도체 칩을 설계하고, 외부 파운드리 업체에 반도체 칩 생산을 맡기는 방식이었다.

이 비즈니스 모델은 반도체 칩을 제조업체에 판매하여 기술을 확산시키는 동시에, 특허권을 활용하여 제조업체로부터 특허 로열티를 받는 방식이다. 크게 보면 핵심은 제조업체로부터 나온 수익을 다시 연구개발에 투자하여 기술 주도권을 놓치지 않는 것이다. 퀄컴은 CDMA 기술 로열티로 휴대폰 판매가의 5%를 제조업체로부터 받는 것으로 알려져 있으며, 특허 로열티 수입은 2006년 27억 달러 수준으로 퀄컴 순이익의 37%인 것으로 알려져 있다. 퀄컴이 이렇게 높은 특허 로열티를 받는 것은 CDMA에 대한 특허권을 대부분 소유하고 있었기 때문이다.

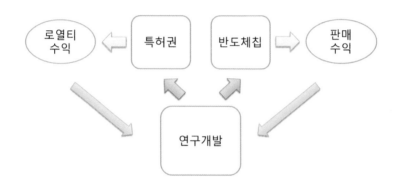

퀄컴의 비즈니스 모델

특허 경영이란 무엇인가?

농업 시대에는 토지가 중요한 요소이기에 영토를 확장하기 위한 전쟁이 빈번했다. 산업시대에는 자본과 노동력이 경제 성장의 중요한 요소였다. 하지만 오늘날 지식경제 시대에는 지식과 혁신이 경제 성장을 이끌고 있다. 지식경제 시대에 혁신은 아이디어를 기반으로 하며, 아이디어를 지식재산권으로 보호함으로써 경쟁력을 지켜 낸다. 세상이 이미 바뀌었다고 21세기의 중심에 우뚝 선 특허가 이제 세상을 지배하고 있다.

심각한 문제는 우리나라도 제조업 중심의 산업 구조를 탈피해야 한다는 점이다. 미국은 제조업에서 일본과 경쟁하기 어렵다는 것을 알고, 1990년대부터 친특허(pro-patent) 정책을 펼쳤다. 즉, 제품의 생산보다 특허를 통하여 고부가 가치를 창출하려 했다. 일본도 2000년대부터 미국과 동일한 정책을 펼치게 된다. 우리나라는 일본의 제조 경쟁력을 넘어서며 승승장구하였지만, 2010년대부터 중국의 무서운 추격을 받고 있다. 이러한 상황에서 제조업 중 경쟁 우위를 지킬 수 있는 부분을 제외하더라도 미국, 일본이 그랬던 것처럼 특허를 중시하는 정책과 경영이 필요한 시기다. 특허를 중시하는 경영을 '특허 경영'이라고 말한다.

특허 경영이란 기업의 이익을 위하여 특허 전략을 실행하는 경영 방식이다. 즉, 특허를 통하여 기업의 이익을 극대화한다. 혁신적인 아이디어를 특허권으로 보호하고, 특허권을 이용하여 로열티 수입을 확보하고, 로열티 수입은 다시 연구 개발에 투입하여 기술 주도권을 놓치지 않는 전략이다. 이는 앞에서 설명한 퀄컴의 비즈니스 모델과 유사하다. 하지만 특허 경영은 반드시 로열티 수입으로 인한 이익으로 한정되지 않는다. 특허권에 의한 시장의 독점, 시장에서 우위성 유지, 비즈니스 보호 및 협력 등 다양한 형태로 나타난다.

특허 경영은 지식재산 경영으로 확장된다. 연구 개발 단계에서 특허가 창출되고, 제품 생산 단계에서 디자인이 확정되며, 제품 판매를 위하여 상표(브랜드)가 필요하다. 특허권, 디자인권, 상표권이 기업의 지식재산 경영에 활용되고 그 수익은 연구 개발에 재투입된다. 더 나아가 영업 비밀, 트레이드 드레스(코카콜라 병과 같이 상품의 고유한 외관 이미지), 저작권 등도 지식재산 경영에 이용될 수 있다.

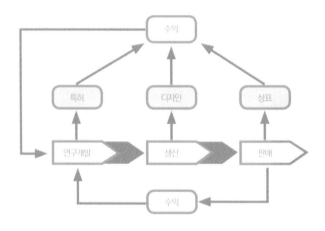

지식재산 경영
출처: 특허청, 사례 중심의 지식재산경영 매뉴얼 특허 경영

특허 경영은 제품 생애 주기에 따른 영향을 줄여 준다. 처음에 제품을 개발하여 판매할 때는 이익이 많이 남을 수 있지만, 경쟁 기업이 나타나면서 수익이 줄어든다. 특히 제조 단가를 낮출 수

있는 기업이 많아질수록 더 이상 가격 경쟁력을 유지할 수 없다. 시장에서 제품의 성장률이 낮아지고 영업 이익률이 줄어들면, 제품 생산을 포기하고 새로운 제품이나 다른 비즈니스를 모색해야 한다. 이러한 과정에서 특허 로열티는 징검다리 역할을 수행한다. 제품을 판매하지 않아도 특허 로열티 때문에 기업의 수익이 계속 발생하고, 새로운 제품이나 다른 비즈니스의 연구 개발에 투자할 수 있는 환경이 만들어진다. 예컨대 필립스(Philips)의 경우, 2000년에 반도체, 디스플레이, TV 등의 사업에서 한국이나 중국 기업의 성장과 함께 가격 경쟁력이 떨어지자 이 사업들을 포기했다. 이후에 헬스 케어, 조명, 소형 가전제품에 집중하면서 동시에 반도체, 오디오, DVD 등에 대한 특허권을 이용하여 대규모 라이선싱 프로그램을 시작하였다. 이러한 라이선싱 프로그램은 회사에 큰 수익을 안겨 주었다. 이는 필립스가 비핵심 사업에서 라이선스를 통하여 수익을 창출하고, 이러한 수익을 이용하여 핵심 사업의 연구 개발에 투자한 사례이다.

최근에는 제품을 직접 생산하지 않는 기업이 많아지고 있는데, 애플이 대표적이다. 애플은 각종 부품은 한국, 대만, 일본 등에서 조달하고, 완제품 생산은 폭스콘(Foxconn)에 맡기고 있다. 애플은 디자인, 사용자 편의성, 콘텐츠 등 핵심적인 가치 창출 활동에만 전념하고 있다. 특히 아이폰에 적용된 기술이나 디자인들은 특허로 철저히 보호하고, 향후 사업과 관련된 특허를 매입하는 데 많은 투자를 하고 있다. 놀랍게도 애플의 영업이익률은 30%을 상회하고 있다.

특허 경영에 의하여 많은 수익을 내더라도 특허권 남용 행위에 해당하지 않도록 주의해야 한다. 공정거래위원회에 의하면, 퀄컴은 휴대폰 제조사에게 라이선싱을 하면서 경쟁사 모뎀 칩을 사용하는 경우에는 차별적으로 높은 로열티를 부과하였고, 라이선싱 대상 특허권이 소멸하거나 효력이 없게 된 이후에도 종전 로열티의 50%를 계속 지불하도록 약정하는 등의 이유로 2009년 2,600억 원의 과징금을 부과받았다. 2015년에도 퀄컴은 공정거래위원회의 조사를 받았다. 이런 현상은 퀄컴이 휴대폰 판매가의 5%를 특허 로열티로 지급받는 현실이 반영된 일이라 할 수 있다. 한국 기업에게 퀄컴은 슈퍼 갑으로 여겨지고 특허 로열티가 억울한 일처럼 느껴지지만, 퀄컴 같은 선진 기업들이 특허 경영을 일찍 깨닫고 세상을 지배하고 있는 현실을 부정할 수 없다.

기업마다 필요한 특허 전략은 다르다

일반적으로 기업이 성장하면서 특허에 대한 관심은 높아진다. 특히 특허 분쟁이 발생하면 기업 내의 주요 안건으로 특허가 다루어진다. 한국 기업이 글로벌 시장에 진출하거나 선진기업의 시장 점유율을 빼앗는 상황이 발생하면 특허권 침해를 이유로 경고장을 받거나 소송을 당하게 된다. 어떤 기업은 제품이 소비자에게 인기를 끌면서 모조품이 급증하여 어려움을 겪는 경우도 있다. 요즘 모조품 판매업체는 중국, 동남아에서 낮은 가격으로 생산하여 한국으로 수입하여 판매한다. 이때 특허권이 없다면 모조품을 제재할 방법은 없다.

  기업의 상황에 맞게 벤처기업부터 대기업까지 특허 전략은 미리 수립되어야 한다. 기업의 특허 전략이 발전해 나가는 단계에 대해서『Edison in the boardroom』의 저자 Harrison과 Sullivan은 특허 경영을 5단계로 구분하여 설명하였다. 사업의 보호를 위해 특허권을 확보하는 특허 경영 1단계(Defend Position), 특허 비용을 관리하는 특허 경영 2단계(Manage Costs), 특허권으로 수익을 창출하는 특허 경영 3단계(Capture Value), 기업 전략과 특허 전략을 통합시키는 특허 경영 4단계(Synthesize Opportunities), 기업의 미래를 기획하는 특허 경영 5단계(Shape the Future)이다.

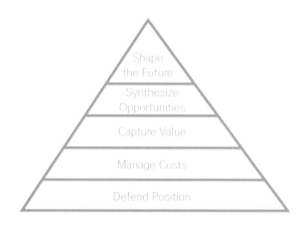

특허 경영 5단계

출처: Edison in the boardroom

앞에서 설명하는 특허 경영 5단계는 우리에게 비전과 미션을 제시해 주지만 모든 기업이 이러한 과정을 따른다고 보기는 어렵고, 5단계까지 꼭 이뤄 내야 할 필요성도 없을 수 있다. 다만 우리는 특허 전략이 어떻게 발전해 나가는지 알아보기 위해 앞의 특허 경영 5단계를 참조하면서 현실적인 현상들을 함께 살펴보도록 하자.

특허에 익숙하지 않은 기업은 발명을 접수받고 어쩔 줄 모른다. 어떤 부서에서 어떻게 처리해야 할지 망설이다가, 변리사에게 발명을 전달하고 특허 신청을 부탁한다. 이때 변리사는 상당히 중요한 역할을 수행하는데, 기업의 기술과 비즈니스를 파악해야 하고 특허의 권리 범위를 모두 혼자서 확정해야 한다. 이런 기업에게 특허 분쟁이라도 발생하면 변리사에게 기댈 수밖에 없는 상황이 된다. 이러한 과정이 지나면 기업은 점차 자신의 비즈니스를 특허로 보호하고자, 특허의 양을 늘리는 것을 주된 목표로 정한다. 연구 개발에서 나온 특허들이 많아지면 특허 부서가 필요함을 느낀다. 특허 부서의 신설은 특허 경영의 첫걸음이라 할 수 있으며, 회사에서 창출되는 발명(직무발명)을 어떻게 관리할 것인지 또는 특허 예산이 얼마나 필요한지 산정하는 역할을 맡게 된다. 이렇게 특허 부서의 역할이 증가하면, 특허 부서 담당자는 각종 교육 등에 참여하여 자신의 특허 역량을 높일 필요성이 있다.

특허 부서는 점차 많아지는 특허를 관리하기 위해 구체적인 특허 프로세스를 수립하고 특허 비용을 관리해야 한다. 즉, 매년 창출되는 직무발명이 그대로 특허 신청으로 이어지면, 매년 쌓여가는 특허 신청 및 특허 유지 비용은 특허 예산을 초과하게 된다. 특허의 비용 관리를 위해서는 먼저 직무발명을 평가하고, 중요한 특허 또는 해외 신청이 필요한 특허를 추출하는 프로세스가 필요하다. 대부분 직무발명보상제도를 도입하면서 적절한 프로세스를 수립하는 모습이 일반적이다. 직무발명을 평가하기 위한 선행 기술 조사는 불필요한 특허를 신청하지 않게 하거나 중요한 특허를 보강하는 역할을 한다. 등록되는 특허권이 증가할수록, 특허권의 유지 여부를 결정하는 프로세스도 정립해야 한다. 어떤 기업이든 특허 예산은 한정되어 있으므로 이런 정도의 특허 전략까지는 자연스러운 현상이다.

기업 내 기본적인 프로세스가 갖추어지면 연구원에 대한 특허 교육이 중요하다. 특허 부서에서 특허를 아무리 잘 관리한다고 해도 연구원의 역할을 대신할 수 없기 때문이다. 특허 부서는 연구원에게 직무발명, 선행 기술 조사, 특허 명세서에 대한 교육을 실시하여 양질의 직무발명이 창출될 수 있도록 도와야 한다.

적절한 특허 관리가 가능해지고 나면, 기업은 특허를 활용하여 수익을 만들려고 시도한다. 연구소 또는 대학과 같은 비제조업체는 특허를 통하여 사업을 보호할 필요가 없기 때문에 특허를 활용한 수익이 무엇보다 중요하다. 특허 로열티를 받거나 특허를 양도하여 수익을 창출해야 한다. 특허 수익의 필요성이 증가할수록, 기존에 특허 관리를 담당하는 특허 부서 외에도 특허를 통하여 수익을 창출하기 위한 부서를 별도로 구성하는 것이 바람직하다. 특허를 통한 수익 창출은 강력한 특허 포트폴리오를 기반으로 하는 사업화, 소수 기업 간의 특허 카르텔(동종 기업 간에 라이선스를 맺어 이룬 독점 형태) 형성, 다수의 기업에 라이선스 제공, 특허의 매각 등으로 가능하다. 특허를 통한 수익은 기업에게 수입 증가만을 의미하지 않는다. 비즈니스를 보호하기 위해 크로스 라이선스를 체결하면서 지불하는 특허 로열티의 경감도 특허 수익으로 볼 수 있다. 또한 특허를 무상으로 이전하거나 특허를 폐기함으로써 관리 비용을 줄일 수도 있다.

이 밖에도 특허는 기술을 확산시키는 수단으로 사용되기도 한다. 퀄컴은 CDMA 기술의 확산을 위해 라이선스 계약에 라이선스 업체의 기술 개발을 지원하는 조항을 포함시켰다. 퀄컴 입장에서는 CDMA 기술의 확산 여부가 기업의 존립을 결정하였기 때문이다. 유사한 사례로 전기 자동차가 본격적으로 보급되기 전에, 미래의 자동차가 전기 자동차가 될지 아니면 수소 연료 자동차가 될지를 경쟁하는 상황에서 테슬라(Teslar)는 전기 자동차와 관련된 자사의 특허를 사용해도 소송을 걸지 않겠다고 선언했다. 무상으로 특허에 대한 실시권을 부여하는 것과 마찬가지다. 이에 대 응하여 토요타도 수소 연료 자동차에 대한 무상의 특허 실시권을 선언했다. 테슬라와 도요타는 각각 전기 자동차와 수소 연료 자동차에 대한 시장을 확장하기 위해 대담한 결정을 하였다. 그 이유는 기술이 확산되고 시장이 형성되지 않으면, 자신들의 혁신은 의미를 상실하기 때문이다. 즉, 발명 또는 특허 그 자체보다 혁신의 성공적인 결과가 기업의 운명을 좌우한다.

어느 정도 특허를 활용하는 단계를 지나면, 기업은 특허 전략을 경영 전략과 통합시킨다. 먼저 연구 개발 과제를 선정할 때 특허 맵(patent map)을 활용한다. 특허 맵 또는 특허 동향 조사가 연구 개발 과제를 결정짓는 현상이 나타난다. 연구 개발의 결과물을 단순히 특허로 신청하지 않고, 역으로 특허 조사를 통하여 연구 개발 방향을 결정한다는 점에서 처음에는 쉽게 받아들여지지 않을 수도 있다. 더 나아가 연구 개발 방향뿐만 아니라 어떤 기업과 협력하거나 M&A를 할 것인지 등을 결정할 때에도 특허가 검토된다. 특허 맵 또는 특허 동향 조사는 기술 정보, 권리 정보, 비즈니스 정보를 제공하므로, 경쟁 회사, 선발 주자 또는 후발 주자의 기술, 권리, 비즈니스를 이해할 수 있게 해 주며, 궁극적으로는 자사의 미래를 가늠할 수 있게 해준다.

핵 심 포 인 트

- 퀄컴의 비즈니스 모델은 제품을 판매하여 기술을 확산시키는 동시에, 특허 로열티로 수익을 창출하여 연구 개발에 재투자하는 방식이다.
- 특허 경영은 특허로 기업의 이익을 창출하면서 기술 주도권을 유지하는 전략이다.
- 특허 경영은 제품 경쟁력이 떨어지더라도 특허 수익을 통하여 새로운 비즈니스를 모색할 수 있는 환경을 제공한다.
- 제품을 직접 생산하지 않고, 혁신 활동과 지식재산권 확보로 수익을 창출하는 기업이 늘고 있다.
- 기업은 사업을 보호하기 위해 특허의 양을 증가시키고 특허 부서를 신설하는

초기 단계를 거친다.

특허의 양이 많아지면, 기업은 정교한 특허 프로세스를 수립하고 특허 비용을 관리해야 한다.

- 특허 관리가 가능해지면, 기업은 특허로 수익을 창출하고 특허 전략을 경영 전략과 통합시키며, 자사의 미래를 기획하는 데 특허를 활용한다.

02
기술자들이여,
일본을 떠나라

▼

나카무라 슈지 교수는 니치아 화학을 상대로 직무발명 보상금 소송을 제기했다. 이 소송은 보상금 액수가 상당하여 주목받았으며, 자신이 근무했던 회사를 상대로 소송을 벌인다며 일본 내에서는 많은 비판을 받기도 했다. 이 소송이 주목받은 더 큰 이유는 나카무라 슈지 교수가 "기술자들이여, 일본을 떠나라"라고 말했기 때문이다.

나카무라 슈지 교수, 직무발명 소송에서 승소하다

나카무라 슈지 교수는 청색 LED를 개발한 성과로 2014년 노벨 물리학상을 수상하는 영광을 안았다. 그는 니치아 화학에서 청색 LED를 개발하고 퇴사했으며, 캘리포니아 주립대 교수이면서,

한국 기업인 서울 반도체의 기술 고문으로 활동했다. 공교롭게도 서울 반도체는 LED 전문 기업으로, 니치아 화학의 경쟁 회사이다. 나카무라 슈지 교수가 청색 LED 개발에 뛰어든 것도 대단한 일이지만, 그 당시 모두 포기하고 있던 질화갈륨을 선택한 것도 상식 밖의 일이었다. 그는 연구를 시작한 지 약 3년 만인 1992년 3월에 처음으로 청색 LED를 만들었는데, 자신이 직접 개발한 투 플로우(two flow) 금속-유기 화학 기상 증착(metal-organic chemical vapor deposition: MOCVD) 장치 덕분이었다. 그는 자신만의 독특한 길을 묵묵히 걸어 21세기에 불가능할 것 같은 일을 해냈다.

2001년 8월, 나카무라 슈지 교수는 니치아 화학을 상대로 직무발명 보상금 소송을 제기했다. 이 직무발명 보상금 청구 사건에서 법원은 니치아 화학이 8억 4,400만 엔을 나카무라 슈지 교수에게 지급하라고 판결했다. 이 소송은 보상금 액수가 상당하여 주목받았으며, 자신이 근무했던 회사를 상대로 소송을 벌인다며 일본 내에서는 많은 비판을 받기도 했다. 이 소송이 주목받은 더 큰 이유는 나카무라 슈지 교수가 "기술자들이여, 일본을 떠나라"라고 말했기 때문이다. 그는 일본의 교육, 학회, 기업의 시스템이 너무 실망스러웠다. 또한 일본 내에서 기술자에 대한 처우가 낮고 적절한 보상을 받지 못한다고 생각했다. 나카무라 슈지 교수의 소송 이후에도, 일본 그리고 한국에서 직무발명 보상금 소송은 계속 이어지고 있다. 직무발명보상제도는 인재 유출을 방지하고, 혁신적인 아이디어가 존중되는 문화를 만드는 데 중요한 역할을 한다. 우리나라도 직무발명보상제도가 더 활성화되어 하루

빨리 혁신 경제의 기반을 구축해야 한다.

직무발명제도, 특허 경영의 기초가 되다

현재 대부분의 발명은 기업, 연구기관 그리고 대학으로부터 나온다. 점점 기술이 복잡해지면서 대규모 시설이 필요하며 엄청난 연구 비용이 소요되기 때문이다. 직무발명제도는 말 그대로 회사 내의 직무에 관한 발명에 대하여 발명자와 기업 간의 이익을 합리적으로 조정하는 제도이다. 직무발명제도는 발명자가 기업에 발명을 양도하면서 정당한 보상을 받고, 기업은 특허권을 소유하여 적극적으로 활용하는 방안이다.

직무발명 제도는 특허 경영의 기초가 된다. 특허 경영은 혁신 시스템이 적절히 작동해야 가능하다. 우리가 앞에서 살펴본 혁신 시스템을 직무발명제도에 적용해 보자. 발명이 양도되는 시점은 특허 신청이나 등록 이후가 아니라, 발명이 창출된 직후에 이루어진다는 점만 다르다. 발명자는 발명의 양도 대가로 정당한 보상을 받아야 하며, 또한 특허권을 활용하여 발생하는 이익에 대해서도 적절한 보상을 받을 수 있다. 연구 개발 과정에서 발명자가 발명을 한 후 정당한 보상을 받고 발명을 기업에 양도하게 되는데, 기업은 특허를 신청하여 특허권을 소유하게 되며, 특허권을 활용하여 발생한 이익을 연구 개발에 재투입할 수 있게 된다. 직무발명제도는 발명자의 연구 의욕을 고취시켜 혁신을 일으킨다는 점과 발명자의 이직에 의한 기술 유출을 방지한다는 점에서 그 운영 방식에 따라 회사의 운명이 결정된다고도 볼 수 있다.

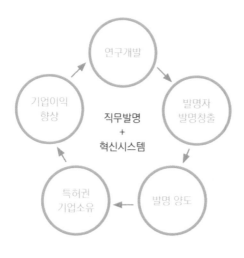

직무발명과 혁신 시스템

기업의 기술 혁신을 위하여 직무발명제도는 필요하다. 하지만 직무발명제도는 보상의 관점에서 발명자와 기업의 갈등이 내재되어 있고, 일부의 인재를 위한 제도라는 점에서 합의점을 찾기 힘들다. 나카무라 슈지 교수와 니치아 화학처럼 말이다. 법원은 분쟁이 발생한 경우, 계약이나 근무 규정에 따라 보상금이 합리적인 절차에 의하여 결정되었다면 기업이 지급한 보상금을 '정당한 보상'으로 인정한다. 반면 보상금을 정하지 않았거나 불합리한 절차에 의해 결정되었다면 법원이 정당한 보상액을 직접 결정하게 된다. 따라서 기업과 근로자 사이에 직무발명 보상금의 종류, 보상액, 보상액의 계산 방법 등을 구체적으로 협의하여 미리 정해 놓으면 직무발명 분쟁을 미연에 방지할 수 있다.

직무발명의 보상은 금전적 보상이 일반적이지만, 일부 기업은 인사 고과에 반영하는 등의 비금전적인 보상도 실행하고 있다. 기업의 특성에 따라 금전적 보상과 비금전적 보상 중 일부를 시행하거나 병행하는 방법이 있다. 금전적 보상에는 발명보상, 특허신청보상, 등록보상, 실시보상, 처분 보상, 특허신청유보보상 등이 있다. 발명보상은 발명한 것 자체에 대한 보상금이고, 특허신청보상은 특허를 신청하고 지급하는 보상금이며, 등록보상은 특허를 등록받은 후 지급하는 보상금이다. 실시보상은 자사가 특허 발명을 실시하여 이익을 얻었기 때문에 지급하는 보상금이며, 처분보상은 타사에 특허권을 양도하거나 실시권을 허락해 주었을 때 지급하는 보상금이다. 특허신청유보보상은 직무발명을 영업 비밀로 유지하기 위하여 특허로 신청하지 않는 경우에 지급하는 보상금이다. 보상금의 액수는 특허신청보상보다는 등록보상이 보상금 액수가 크며, 등록보상보다는 처분보상이 보상금 액수가 클 수밖에 없다. 이는 발명 또는 특허의 가치가 법률상 보호받을 수 있는지, 제품에 실제 사용되는지 여부에 따라 다르기 때문이다.

여러 가지 직무발명 보상금 중에서 대부분의 기업은 특허신청보상, 등록보상, 실시보상, 처분보상을 인정하고 있다. 보상금의 액수는 기업마다 많은 차이를 보이며, 한국 특허 신청과 해외 특허 신청을 구분하여 보상금을 지급하는 사례도 있다. 예컨대

2014년 특허청 자료에 따르면 ㈜네오위즈 게임즈는 특허신청보상금으로 50만 원, 특허 등록보상금으로 100만 원, 처분보상금은 처분수입금의 10% 이하를 지급하고 있고, ㈜필룩스는 한국 특허 신청 10만 원, 해외 특허 신청 20만 원, 한국 특허 등록 15만 원, 해외 특허 등록 25만 원을 보상금으로 지급하고 있다. 직무발명 보상금은 발명의 평가 등급에 따라 차등 지급 하는 방식을 취하기도 한다.

직무발명 보상금은 기업의 전략에 따라 유연하게 운영되어야 한다. 특허 경영의 초기 단계에서 특허의 양은 중요한 요소로 작용한다. 특허의 충분한 양이 필요한 경우에는 특허신청보상금과 등록보상금을 높게 설정해야 한다. 특히, 특허신청보상금이 높게 설정되면 많은 특허 신청을 유도해 낼 수 있다. 특허의 양이 확보되었다면 기업의 발명 문화는 이미 정착되어 있는 상태이므로, 기업은 주요 특허를 확보하기 위해 노력한다. 즉, 특허의 양보다 품질을 우선적으로 생각하여 특허가 등록된 후 활용될 수 있는지 여부가 관심사로 부각된다. 이 경우에는 특허신청보상금이나 등록보상금보다는 실시보상금과 처분보상금을 높게 설정해야 한다. 처분보상금은 로열티 또는 양도대금의 10%, 20%와 같이 높게 설정해서, 연구개발자가 활용 가능한 특허를 창출하도록 유도해야 한다.

실시보상은 처분보상에 비하여 운영상 많은 어려움이 있다. 특허권의 속성상, 특허권은 다른 사람이 사용하는 것을 배제하는 권리이므로 다른 사람이 사용하고 싶은 권리이어야 가치가 있다. 자사가 사용하는 특허라는 이유만으로 무조건 실시보상금을 지급해야 하는가에 대해서는 많은 분석과 고민이 필요하다. 만일 직무발명이 새로운 의약품에 관한 것이라면, 특허권 때문에 타사는 신약을 생산할 수 없고, 자사만 독점적으로 신약을 생산한다. 이 경우에 특허의 가치가 크므로 실시보상금은 상당할 수 있다. 만일 직무발명이 자동차 분야에 관한 것이라면, 특허의 건수가 너무 많고 여러 기업에 분산되어 특허의 가치는 그만큼 낮아진다. 이런 분야에서 자사가 특허를 사용하는지는 크게 중요하지 않을 수 있다. 비록 자사가 해당 직무발명을 사용하고 있을지라도, 타사는 유사하거나 대등한 기술을 사용하여 해당 직무발명을 사용할 필요가 없을 수도 있다. 이 경우에 특허의 가치는 크게 떨어지며 실시보상의 의미도 퇴색된다.

특허신청유보보상은 특허신청보상이나 등록보상에 비해 활용되는 정도가 낮다. 영업 비밀의 중요성에 대한 인식이 아직까지 미미하기 때문이다. 특허신청유보보상금이 지급되지 않으면, 아이디어를 특허로 보호할지 영업 비밀로 보호할지 결정하는 과정에서 발명자는 영업 비밀보다는 특허로 결정되기를 원한다. 발명자 입장에서 특허로 신청을 하면, 특허신청보상과 등록보상이 뒤따르기 때문이다. 결과적으로 영업 비밀로 유지될 수 있는 기술이 특허로 신청되어 공개되면, 기업에게 불이익을 초래할 수 있다는 점을 유념하자.

직무발명보상금, 얼마나 될까?

발명자는 퇴사하고 나서 회사를 상대로 직무발명보상금 지급 소송을 제기하는 경우가 많다. 발명자는 자신의 공헌도가 크다고 생각하여 많은 보상금을 기대하고, 기업은 회사 내의 설비를 이용해 이루어진 발명인 동시에 연구 개발비를 투자하여 비로소 발명이 이루어졌기 때문에 발명자의 공헌도는 현저히 낮다고 주장한다. 이렇게 직무발명보상금은 서로의 입장이 첨예하게 대립되는 양상을 보인다. 직무발명보상금이 어떤 기준으로 산정되는지 아는 것만으로도 직무발명 분쟁은 줄어들 수 있다.

직무발명보상금의 액수가 어떻게 산정되는지 우리나라의 현실을 알아보자. 2014년 LTE 관련 기술을 개발한 LG전자 전 연구원이 회사를 상대로 직무발명보상소송을 제기했다. LG전자는 이 특허권을 66억 5천만 원을 받고 팬택에 매각하였다. 이모 씨는 자신의 발명 기여도를 30% 주장했지만, 법원은 이모 씨의 발명 기여도를 2.5%만 인정했다. 처분보상금은 특허로 인한 수익이 명백하다. 특허를 매각했다면 양도대금이 특허 수익이다. 직무발명보상금은 특허 수익, 발명자들의 공헌도, 해당 발명자의 기여도를 모두 곱하여 계산된다. 결국 회사의 수익 중 해당 발명자가 기여한 부분이 보상금이 된다. 한국에서 발명자들의 공헌도는 10% 정도로 낮게 인정된다. 그 이유는 기업의 연구 환경 제공 및 설비 등의 투자가 발명에 대한 공헌도 중 85% 이상 차지한다고 보기 때문이다. 또한 발명자가 여러 명이라면 공동 발명자 중

그 발명자의 기여도만 따로 계산한다.

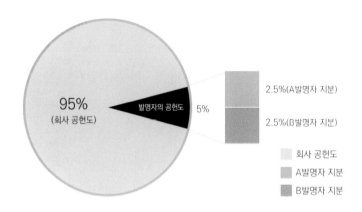

처분보상금 산정 방법

비록 LG전자가 66억 5천만 원에 특허를 매각했지만, 발명자들의 공헌도는 5%, 2명의 발명자 중 해당 발명자의 지분을 50%로 판단하여 66억 5천만 원 중 2.5%가 보상금으로 인정되었다.

처분보상금의 산정 방법은 비교적 간단하지만, 회사가 직접 특허 발명을 사용하는 경우에는 실시 보상금 산정이 복잡하다. 회사가 발명으로 인하여 얻은 이익을 계산해야 하기 때문이다. 실시 보상의 경우는 매출액, 회사가 발명으로 인하여 얻을 이익율, 적정 실시료율, 발명자 기여도, 발명자의 지분을 모두 곱하여 계산한다. 회사가 발명으로 인하여 얻는 이익이란, 독점 매출액 또는 독점권 기여율을 말한다. 회사는 기본적으로 직무발명을 무상으로 사용할 권리를 가지기 때문에, 해당 발명을 발명자로부터 양도

받아 얻는 이익이란 특허권을 소유하고 있음으로써 다른 사람이 사용하지 못하도록 배제하여 초과적으로 얻는 이익을 말한다.

　이런 의미에서 독점 매출액이란 기업이 실시권을 허락한 경우 다른 기업이 얻을 수 있다고 예상되는 추정적 매출액이다. 또는 다른 기업이 무단으로 해당 발명을 이용하여 기업이 상실하게 될 추정적 매출액으로 생각할 수도 있다. 결국 매출액에 독점권 기여율을 곱하면 독점 매출액을 계산할 수 있다. 적정 실시료율은 그 산업 분야에서 일반적으로 인정되는 특허 로열티이므로 결정하기 어렵지 않으며, 판례에서 인정하는 평균 실시료율은 3% 정도이다. 실시료율은 특허로 인한 이익이라고 생각하면 쉽다. 실시보상금을 산정하기 위하여 총매출액에 독점권 기여율, 실시료율, 발명자 공헌도, 발명자 지분을 곱하면 아주 적은 보상금액이 산출된다. 발명자가 기대하는 만큼의 보상 금액은 아니다.

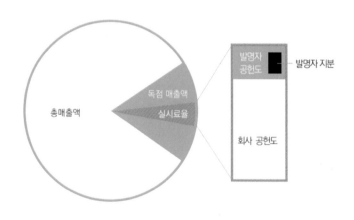

실시보상금 산정 방식

앞에서 설명했듯 이러한 실시보상금은 해당 발명의 산업 분야마다 큰 차이를 보일 수 있다. 의 약품과 같은 화학 분야는 특허의 가치가 비교적 높다. 신약에 관한 특허라고 할 때, 화학식이 정해지면 발명은 1개뿐이어서 특허가 분산되지도 않으며, 해당 발명이 전체 매출액에 기여하는 바도 크다. 이 경우 실시보상금은 상당히 큰 액수가 나올 가능성이 있다. 화학 분야의 직무발명보상금 소송(2004가합91538)에서, 매출액 580억 중 회사가 해당 발명으로 얻을 매출액 비율로 20%, 적정 실시료율 3%, 발명자 공헌도 30%, 발명자 지분 1/3을 각각 인정하여, 실시보상금으로 34,800,000원을 인정한 사례가 있다. 전자나 기계 분야와 같이 하나의 제품에 특허가 수천 개가 존재한다면 특허의 가치는 낮을 수밖에 없다. 각 기업마다 특허가 분산되어 존재한다는 점과 제품에 존재하는 수많은 특허 중 하나이기 때문에 해당 발명이 전체 매출액에 기여하는 바가 지극히 낮아지게 된다. 예를 들면, 휴대폰 분야의 직무발명 소송(2012가합501788)에서 매출액이 136조였지만, 실시보상금은 10,925,589원만 인정된 사례가 있었다.

------------------------------ 핵 심 포 인 트 ------------------------------

- 직무발명제도는 발명자에게 정당한 보상을 지급하고, 기업은 특허를 소유하고 활용하는 방안이다.
- 직무발명제도는 발명자의 연구 의욕을 고취시키고, 발명자 이직에 의한 기술 유출을 방지할 수 있다.

- 기업과 근로자 사이에 직무발명 분쟁이 발생하지 않도록, 직무발명보상에 대한 구체적인 협의가 미리 이루어져야 한다.
- 특허의 양이 중요한 경우 특허신청보상금과 특허등록보상금을 높게 설정하고, 특허의 품질과 활용이 중요한 경우 실시보상금과 처분보상금을 높게 조정한다.
- 특허가 아닌 영업 비밀로 보호하기로 결정하더라도, 발명자에게 적절한 보상이 이루어져야 한다.
- 처분보상금에서 연구 환경 제공 및 설비 투자로 인한 회사 공헌도가 높으므로, 발명자의 공헌도는 낮게 인정된다.
- 실시보상금은 매출액에서 독점권 기여율, 실시료율, 발명자 공헌도, 발명자 지분을 곱하여 산정되므로, 발명자가 기대하는 보상 금액이 산출되지 않는다.

03
질레트, 남성다운 소리와 느낌을 주는 포장까지 특허로 등록하다

질레트 면도기는 시장 점유율이 상당히 높다. 면도기는 모방하기 쉬운 제품인데 어찌된 일일까? 그 이유는 특허 포트폴리오에 있다. 질레트는 핵심기술을 보호하는 특허 장벽을 쌓고 또 쌓았다. 심지어 포장을 찢을 때 남성다운 소리와 느낌을 주는 포장도 특허를 받았다.

질레트, 특허로 뒷받침되는 제품을 개발하다

『REMBRANDTS IN THE ATTIC(Kevin G. Rivette, David Kline)』에 소개된 IP-3 프로세스 내용을 살펴보자. IP-3 프로세스의 첫 번째 단계는 경쟁 우위에 있는 기술을 선택하기 위하여 특허 맵을 활용하고, 경쟁 제품에 비하여 가장 장점을 갖는 핵심 기술을 특허로 등록한다. 두 번째 단계는 제품의 핵심 기술을 둘러싸는 기술을 특허로 등록받아 핵심 기술 특허를 강화한다. 세 번째 단계는 생산, 유통, 비즈니스 방법 등 제품과 관련된 필수적인 프로세스나 방법도 특허로 등록받아 겹겹이 장벽을 쌓는다. 이를 단계별로 핵심 기술 특허, 파생 기술 특허, 주변 기술 특허로 명명해 보자. 특허 포트폴리오를 만든다는 관점에서 핵심 기술, 파생 기술, 주변 기술에 관한 특허는 모두 기업의 전략적인 특허다.

IP-3 프로세스 개념

질레트는 어떤 관점에서 특허 장벽을 쌓았을까? IP-3 프로세스를 가장 잘 활용한 기업으로, 『REMBRANDTS IN THE ATTIC(Kevin G. Rivette, David Kline)』에서 질레트(Gillette)를 소개하고 있다.

질레트의 센서(Sensor) 면도기는 철저히 특허로 보호되는 제품으로 개발되었다. 질레트는 더 밀착되고 편안한 면도를 위하여 독립적으로 움직이는 두 개의 면도날을 가지는 면도기를 개발하고자 했다. 이런 면도기에 관한 기술을 '부유 각도 기하학(floated angle geometry)'이라고 부른다. 센서 면도기 개발을 위하여 첫 번째로 이와 관련된 특허 맵을 만들었다. 연구개발자는 부유 각도 기하학을 적용한 7가지 후보 기술을 떠올렸다. 질레트는 7가지 후보 기술에 대해 모두 특허를 등록 받으면서, 7가지 기술에 대한 관련 특허를 모두 조사하여 그중 한 가지 기술을 선택했다. 질레트는 부유 각도 기하학(FLoated Angle Geometry)의 문자를 따서 'Flag'라는 별명을 붙였고, 질레트의 알 지엔(Al Zeien) 회장은 Flag 1~7 중 면도날에 스프링이 내장되고 카트리지를 사용하는 기술을 가장 선호했다고 한다.

두 번째는 파생 기술 특허를 이용하여 핵심 기술을 강화하였다. 카트리지, 스프링, 면도날 각도, 손잡이 등을 특허로 등록했다. 심지어는 찢을 때 남성적인 소리와 느낌을 가지는 포장(container)도 특허로 등록할 정도였다. 제품의 핵심 기술은 두 개의 독립적으로 움직이는 면도날이었지만, 제품에서 파생되는 22개의 기술은 핵심 기술을 보호하고 강화하는 특허 장벽으로 활용되었다. 세 번째는 핵심적인 제조 프로세스를 특허로 등록받았다. 주변 기술은 핵심기술이나 파생 기술처럼 직접 제품에 표출되지는 않지만, 제품을 제조하는 데 필수적인 기술이다. 예를 들면, 질레트의 특허 중 면도 동작을 찍는 고속 사진 기술이 이에 해당한다. 질레트는 이러한 특허 포트폴리오를 통하여 면도기 시장을 지배했다.

여러 개의 화살은 쉽게 부러지지 않는다

본래 포트폴리오(portfolio)는 경제 용어로서 다양한 투자 대상에 분산하여 자금을 운용하는 것을 말한다. 이는 위험과 불확실성을 줄이면서 수익을 극대화하는 방법이다. 특허 분야에서 '특허 포트폴리오(patent portfolio)'라는 용어가 사용된다. 쉽게 생각하면 특허 포트폴리오는 다양한 권리 범위를 갖는 특허권을 여러 개 보유하는 것을 의미한다. 여러 개의 특허를 합치면 각 개별 특허가 가지는 힘의 합보다 훨씬 강력한 힘을 가지며, 특허가 무용지물이 될 불확실성도 줄일 수 있다. 여러 개의 화살이 쉽게 부러지지 않는 것처럼 말이다. 창업한 지 얼마 되지 않은 기업이 하나의 특허권으로 권리를 행사하는 것은 위험한 일이다. 하나의 특허권으로 공격하면 상대방의 저항이 심할 뿐만 아니라 특허를 회피할 수도 있고, 심지어는 특허가 무효로 될 수 있다.

앞에서 우리는 질레트의 특허 포트폴리오를 살펴보았다. 질레트의 부유 각도 기하학에 대한 기술은 핵심 기술이므로 특허로 등록하는 일은 당연하다. 다만 이 당시에 기술을 개발하기 전에 특허 맵을 통하여 특허로 지지되는 제품을 개발하려고 노력하였다는 점이 놀랍다. 아무리 좋은 기술이더라도 이미 누군가 가지고 있는 특허권을 침해하게 된다면 사업상의 위험을 감수해야 한다. 또한 목표로 삼았던 기술이 이미 개발되었음을 특허 맵으로 확인하였다면, 중복적인 연구 개발을 피하여 쓸데없는 시간 낭비를 줄일 수 있다.

질레트는 7가지의 후보 기술(flag)을 도출하고 이 중에 한 가지를 상용화하기로 결정했다. 그럼에도 불구하고 7가지 후보 기술을 모두 특허로 등록했다. 언뜻 생각하면 질레트에서 사용하지 않을 기술을 특허로 등록하면 비용 낭비라고 볼 수 있다. 특허란 자기가 사용하기 위해서 필요한 것이 아니라, 다른 사람이 사용하지 못하게 하기 위해서 필요하다. 따라서 질레트는 6가지 후보 기술을 다른 기업이 사용하지 못하도록 특허로 등록했다. 그렇다면 이 6가지 후보 기술은 어떤 의미를 가질까? 다른 기업이 이 후보 기술을 사용하여 동일한 효과를 내는 면도기를 만들어 낸다면, 질레트가 선택한 기술과 이에 대한 특허는 무의미해진다. 질레트는 습식 면도기 제품을 혁신했지만, 면도기 시장을 지배할 수 없는 상황을 맞이했을 것이다. 이런 의미에서 특허 포트폴리오는 어떤 기업의 제품에 적용되는 특허의 집합을 뛰어넘어 다른 기업이 사용할 수 있는 특허를 포괄하는 개념이다. 경쟁 기업이 시장에 뛰어들지 못하도록 대등한 기술을 모두 특허로 등록받는 전략을 잊지 말자.

질레트는 핵심 기술을 특허로 등록한 후 제품과 관련된 파생 기술도 특허로 등록했다. 파생 기술은 카트리지, 스프링, 면도날 각도, 손잡이, 제품을 개봉할 때 남성적인 소리와 느낌을 가지는 포장(container)이다. 만일 질레트가 핵심 기술의 특허에만 관심을 갖고 이 파생 기술은 특허로 등록하지 않았다면 어떻게 되었을까? 경쟁 기업이 손잡이를 특허로 등록한 경우를 상상해 보자. 질레트는 핵심 기술에 대한 특허를 가지고 있지만, 습식 면도기에서 손잡이는 경쟁 기업의 특허라 할지라도 소비자의 요구에 의하여 제품에 사용할 수밖에 없다. 질레트는 핵심기술에 대한 특허를 가지고 있지만 이 보다 훨씬 기술적 가치가 낮은 손잡이를 제품에 적용하기 위하여 경쟁기업과 크로스 라이선스(cross license)를 체결해야 한다. 경쟁기업은 핵심기술을 가지고 있는 질레트에게 특 허 로열티를 지불하겠지만, 경쟁 기업은 후발 주자(late comer)임에도 합법적으로 시장에 진입하여 제품을 판매할 수 있다. 질레트가 지배하려던 면도기 시장을 경쟁 기업이 점차 차지하는 현상이 발생한다. 한편, 여러 기업이 시장에 진입한 뒤에는 수익률이 떨어지는 기업이 생겨난다. 새롭게 시장에 진입하고자 하는 기업은 수익률이 떨어지는 기업의 특허나 사업을 사들여 쉽게 시장에 진출할 수 있다. 만일 새로운 기업이 자금력이나 판매 역량이 훨씬 우월하다면, 핵심 기술을 가진 기업은 더욱 어려운 상황에 처할 수 있다. 이런 의미에서 파생 기술에 대한 특허는 특허 장벽(patent wall)이라고 할 수 있다. 결론적으로 파생 기술에 대한 특허 장벽은 사업을 지키기 위한 필수적인 전략인 셈이다.

주변 기술에 대한 특허도 큰 의미를 갖는다. 제품에 직접 나타나지는 않지만 제조 방법이나 설비 등에 관한 주변 기술은 점진적으로 혁신을 주도하게 된다. 제품이 성숙하면서 혁신적인 제조 방법이 필요하다. 이러한 기술을 다른 기업이 특허로 등록한다면 혁신을 주도할 수 없고, 시장 지배력은 조금씩 후퇴할 것이다. 제품이 고도화될수록 후발 주자는 이러한 주변 기술 특허를 이용하여 크로스 라이선스를 시도할지도 모른다. 결국 주변 기술에 대한 특허의 확보는 시장 지배력의 지속성을 유지하기 위해 필요하다. 이러한 일련의 과정을 통해, 질레트는 핵심 기술, 파생 기술, 주변 기술에 대한 특허 포트폴리오를 만들고, 면도기에 대한 혁신을 주도하였다.

균형 잡힌 특허 포트폴리오를 구축하라

특허 포트폴리오는 비즈니스 관점에서 구축되어야 한다. 제품의 속성, 시장의 성숙도, 경쟁 회사, 산업 분야의 특성에 따라 기업마다 다른 관점에서 특허 포트폴리오에 접근할 필요가 있다. 일단 특허권자는 사용되거나 사용될 가능성이 있는 특허가 필요할 뿐이다. 무조건 많은 특허가 기업에 도움이 되지는 않는다. 특허료나 연차료 등 많은 관리 비용이 발생되기 때문이다. 또한 경쟁회사와 비교하여 과도한 수의 특허를 가지고 있을 필요도 없다. 시장이 성숙되고 새롭게 시장에 진입하는 회사가 없다면 특허 포트폴리오를 계속 보강할 필요성은 낮아진다. 따라서, 비즈니스 관점에서 자사의 특허 현황 파악과 특허의 평가는 특허 포트폴리오 관리의 핵심이다.

특허 포트폴리오에 대한 분석은 먼저 제품별로 특허를 분류하고, 제품의 주요 기술별로 다시 재분류하여 시작한다. 제품별, 기술별 특허 포트폴리오는 경쟁 회사의 특허 포트폴리오와 상호 비교를 통해 분석되어야 하며, 각 회사별로 특허 포트폴리오가 분류되면 쉽게 특허의 분포를 확인할 수 있다. 이때 경쟁 회사의 매출액이 크고 자사의 매출액이 작다면, 매출액에 비례하는 특허 포트폴리오를 갖추도록 관리해야 한다. 시장에서 독점적 지위를 누릴 수 없는 산업은 경쟁 회사와 크로스 라이선스를 체결할 가능성이 높고, 이때는 매출액 대비 특허의 수가 협상의 주요 쟁점이 되기 때문이다. 즉, 자사의 매출액이 경쟁 회사의 10분의 1이라면, 10분의 1에 해당하는 특허로 대응하여 로열티의 지급 없이 크로스 라이선스를 체결할 수 있다.

요즘은 소비 시장이 미국에서 중국, 인도로 확장된다는 점에 유의해야 한다. 스마트폰 시장을 보면 미국, 유럽 중심의 시장이 이제는 중국, 인도로 옮겨가고 있다. 일반적으로 해외 특허는 미국에 집중되어 있었다. 왜냐하면 기존에는 미국의 소비 시장이 가장 컸으며, 특허 보호 정책도 가장 강력했기 때문이다. 반면 중국이나 인도에서 특허 분쟁이 발생될 것이라고 생각하지 않았다. 그런데 지금은 중국에서도 특허권을 확보하려는 노력이 급속도로 증가하고 있다. 중국은 생산 기지를 넘어서 소비 시장으로 급부상했는데, 이러한 관점은 인도도 마찬가지이다. 최근 인도 시장에 진입하려던 샤오미(Xiaomi)는 에릭슨(Ericsson)으로부터 특허침해소송을 당했다. 이는 소송의 결과를 떠나, 인도 시장의 중요성이 커질수록 특허 분쟁의 가능성도 증가할 것이라는 사실을 일깨워 준다. 만일 인도 현지의 스마트폰 기업이 인도에서 특허권을 가지고 있는데 해외 기업이 인도에서 특허권을 확보하고 있지 않다면, 인도 기업은 자신의 시장 점유율을 잠식하는 해외 기업을 가만히 놔두지 않을 것이다. 이처럼 제품별 특허 포트폴리오도 중요하지만, 이제는 세계 소비 시장이 재편된다는 관점에서 국가별 특허 포트폴리오도 중요하다.

지식재산 포트폴리오는 시대적 흐름이다

특허 포트폴리오를 넘어 지식재산 포트폴리오를 만들어야 한다. 한국이 선진국에 가까워질수록 특허에만 집중하지 않고 지식재산 전반을 아우르는 전략은 시대적 흐름이다. 연구 개발 과정에서 영업 비밀과 특허가 창출된다. 제품을 제조하는 과정에서는 디자인이, 제품을 판매할 때는 상표가 확정된다. 제품 개발의 모든 과정이 지식재산 포트폴리오를 만들어 가는 과정이 될 수 있다. 다양한 지식재산은 강력한 포트폴리오를 형성하여 제품이 모방당할 위험 요인을 줄인다. 지식재산권 중 기술에 대한 권리로 특허와 실용신안이 있다. 실용신안은 낮은 수준의 기술에 관한 소발명을 보호하기 위한 것으로, 물품의 형상이나 구조에 관한 발명이 보호 대상이다. 실용신안제도는 기술 발전 초기 단계에서 자국 산업을 보호하기 위한 방편으로 운용된다. 중국은 실용신안 신청이 급증하여 전 세계 실용신안의 대부분을 차지하고 있다. 그 이유는 중국 신청인이 낮은 수준의 기술에 대해 실용신안을 많이 이용하고 있으며, 외국 신청인의 상당수가 실용신안의 장점을 알고 중국으로 실용신안을 집중시키고 있기 때문이다. 각각의 지식재산권은 그 나름대로 별도의 가치를 가지고 있기 때문에 소발명을 보호하는 실용신안이라도 무시해서는 안 된다. 실용신안과 같이 특수한 지식재산도 포트폴리오로 고려되어야 한다. 이외에도 저작권이나 독특한 외관을 가지는 '코카콜라 병'과 같은 트레이드 드레스(Trade dress)도 종합적으로 고려할 필요가 있다.

인텔(Intel)은 완제품이 아닌 부품을 판매하면서도 상표를 대대적으로 홍보하여 성공한 기업이다. 우리에게 인텔 인사이드는 너무 친숙한 상표이다. 컴퓨터에 이 로고가 붙어 있지 않으면 오히려 어색할 정도다. 인텔이 소비자가 관심을 갖지 않는 마이크로프로세서를 판매하면서, 소비자에게 자신의 제품을 직접 홍보한다는 일은 특이한 발상이었다. 인텔이 소비자에게 인텔 인사이드라는 로고를 대대적으로 홍보를 하자, 컴퓨터 제조업체는 인텔의 로고를 컴퓨터에 붙여 품질을 보증하는 효과를 얻을 수 있었다. 완제품을 판매하는 회사에게 브랜드의 홍보는 너무나도 당연한 일이지만, 인텔처럼 부품 회사일지라도 특허권뿐만 아니라 상표권을 확보하여 브랜드의 가치를 제고하는 데 노력해야 한다. 한국 기업은 완제품뿐만 아니라 반도체, 디스플레이, 이차전지 등 부품을 수출하기 때문에 인텔이 주는 시사점을 곱씹어 볼 필요가 있다.

대표적으로 애플은 지식재산 포트폴리오를 적절하게 활용한다. 애플은 부품이나 완제품을 직접 제조하지 않지만, 제품에서 필수적인 유저 인터페이스(UI)나 사용자 경험(UX)에 대한 아이디어를 특허로 확보한다. 예를 들어, 사용자 편의성에 필수적인 밀어서 잠금 해제, 바운스 백 기술 등이 이에 해당된다. 또한 제품의 형태뿐만 아니라 화면 디자인을 디자인 특허로 등록하고 있으며, '아이튠즈'와 같은 콘텐츠 플랫폼을 갖추고 브랜드 가치를 최상으로 끌어올린다. 애플이 지식재산 모두를 강력한 무기로 만든다는 점을 주목해야 한다.

------------------------------- 핵 심 포 인 트 -------------------------------

- 핵심 기술에 대한 특허는 당연히 필요하며, 이에 대등한 기술도 경쟁 기업이 시장에 진입하지 못하도록 모두 특허로 등록할 필요가 있다.
- 제품과 관련되는 파생 기술은 기술적 가치가 낮지만 소비자의 요구에 의해 제품에 적용될 수밖에 없으므로, 핵심 기술과 함께 특허권을 확보해야 한다.
- 주변 기술은 제품에 직접 나타나지 않지만 시장 지배력을 위하여 필요하며, 핵심 기술 및 파생 기술과 함께 특허 포트폴리오를 형성하게 해 준다.
- 특허 포트폴리오는 제품의 속성, 시장의 성숙도, 경쟁 회사, 산업 분야의 특성을 고려해야 한다.
- 시장이 성숙되고 새롭게 시장에 진입하는 회사가 없다면, 특허 포트폴리오를 보강할 필요가 없다.
- 시장에서 독점적 지위를 누릴 수 없는 산업은 매출액에 비례하는 특허의 개수

를 관리해야 한다.

- 세계 소비 시장을 고려하여 미국에 편중되지 않게 중국, 유럽, 인도 등 국가별 특허 포트폴리오를 갖추어야 한다.

- 특허, 영업 비밀, 디자인, 상표 등 지식재산 전반을 아우르는 전략은 한국의 시대적 흐름이다.

- 우리 기업이 부품 산업에 집중하더라도, 상표권을 확보하여 브랜드 가치를 제고해야 한다.

04
IBM,
기술 창고를 개방하다

1993년 IBM은 위기를 타개하기 위해 루이스 V. 거스너 Jr을 영입했다. 그는 대담하게도 경쟁 회사에 기술 창고를 개방하기로 결정한다. IBM은 그의 결정으로 15억 달러의 기술료 수입을 올리는 성과를 거뒀다. 현재도 IBM은 비주력 분야의 특허에 대해서만 기술 창고를 개방하는 철저한 특허 관리를 진행하고 있다.

루이스 거스너, IBM을 부활시키다

루이스 V. 거스너 Jr(Louis V. Gerstner, Jr)은 1993년 IBM에 기업 역사상 최초로 닥친 위기를 극복한 인물이다. 그는 1993년 160억 달러의 손실이 발생하는 IBM을 2002년 80억 달러의 흑자로 전환시켰다. IBM을 부활시키기 위하여 회사의 기술 창고를 개방하기로 결정한 그는 1994년 IBM의 첨단 기술을 경쟁 회사에 판매하기로 발표하였다. 이러한 결정을 한 이유는 IBM이 자신의 기술 자산을 제대로 이용하지 못하고 있었기 때문이었다. 또한 IBM이 활용하지 못하는 기술을 보급하여 IBM의 영향력을 키우고, 새로운 수익으로 연구 개발비를 충당하고자 하였다. IBM은 자사의 특허에 대한 라이선스와 판매를 통하여, 특허 수익이 1994년 5억 달러에서 2001년에는 15억 달러로 증가했다.

루이스 V. 거스너 Jr의 결정은 쉽게 생각하면 창고에 쌓아 두기만 했던 회사의 기술 자산을 제대로 이용한 것뿐이다. 하지만 그 당시 대부분의 사람들은 경쟁 회사에 자신의 기술을 라이선싱하고 판매한다는 결정을 쉽게 받아들이지 않았다. 회사 내부의 연구진이나 관리자, 더 나아가 경쟁 회사들까지도 말이다. 이러한 발상의 전환이 위기의 IBM을 구한 시발점이 되었다. IBM은 자신의 핵심 분야의 특허는 직접 사업화하고, 비핵심 분야의 특허는 라이선스를 체결하는 전략을 취하였다. 자신이 사업하지 않을 특허에 대해서만 라이선스를 체결하여, 자신의 사업도 지키면서 특허 수익도 올렸다. 이 과정에서 특허에 대한 평가와 관리는 사내에서 철저하게 이루어졌다. 위기를 맞았던 IBM이 기술 창고의 개방으로 세상의 법칙을 바꾸었고, IBM은 여전히 미국 특허 등록 1위를 지키고 있으며, 공격적으로 특허를 활용하여 계속 수익을 창출하고 있다.

우리의 상식으로 볼 때, 모든 특허가 가치 있어 보인다. 하지만 시장에서 활용되지 않거나 활용이 예상되지 않는다면 특허는 수익을 갉아먹는 애물단지나 마찬가지다. 특허권을 유지하기 위해 연차료를 납부해야 하는데, 일반적으로 연차료는 시간이 지날수록 증가한다. 무작정 계속 특허를 유지한다고 회사에 도움이 되지 않는다는 뜻이다. 그렇다면 보유 특허 중 가치가 있는 특허의 비중은 얼마나 될까?

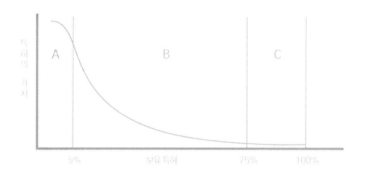

보유 특허의 가치와 활용 관계
출처: Edison in the boardroom

그래프에서 알 수 있듯이, 많은 특허를 소유한 기업의 전체 보유 특허 중 A 영역에 해당하는 5% 정도가 확실히 회사의 이익에 도움이 된다. 즉, 보유 특허 중 5% 정도만 제품에 적용된다는 평가를 받게 된다. 보유 특허의 대부분을 차지하는 B 영역의 특허는 제품에 적용될 가능성이 있으므로 계속 보유해야 하지만, C 영역의 25%에 해당하는 특허는 더 이상 활용되지 않으므로 폐기해야 한다. 한편, 특허의 기술 내용이 시장의 기술 흐름에 맞지만 특허 명세서가 잘못 작성된 경우도 있다. 특허 명세서가 권리 문서로써 부족한 부분이 있다면 특허의 가치는 떨어질 수밖에 없다. 이렇게 시장성과 특허성을 모두 판단해야 특허의 가치 유무를 판단할 수 있다.

특허는 창고에 쌓아 두는 서류 더미가 아니다

특허가 비즈니스에 활용되지 않으면 아무 소용이 없다. 특허가 창출된 후 보유 특허를 평가하여 활용하는 방법에 대해 알아보자. 특허의 창출은 회사 내부의 연구 개발의 결과물인 직무발명으로 이루어진다. 다만, 직무발명이 이루어지기 전에 회사 내에서 필요한 연구 개발 과제를 합리적으로 추출해야 한다. 적합한 연구 개발 과제를 선정하고 이로부터 창출된 직무발명은 회사의 중요한 자산이 된다.

그러나 요즘은 기업의 내부 자원만을 이용하면 연구 개발의 성공 확률이 낮으며 혁신을 이루기 어렵다. 그래서 개방형 혁신(open innovation)이 성행하고 있으며, 이는 공동 연구 개발이나 특허를 매입하는 형태로 나타난다. 공동 연구 개발은 보통 대학이나 연구소와 함께 기술을 개발하여 특허권을 공동 소유 하는 형태를 취한다. 새로운 제품이나 서비스를 위하여 M&A 또는 특허를 매입할 수도 있다. 이렇게 직무발명, 공동 연구 개발, 특허 매입 등을 통해 기업은 특허를 보유하게 된다. 기업은 전체 보유 특허가 모두 가치 있는 것은 아니라는 인식 아래, 각 개별 특허를 검토하여 특허를 평가해야 한다. 제품 적용 가능성에 대한 시장성과 권리 범위 광협에 대한 특허성도 검토되어야 한다. 특허 평가를 통하여 회사 전체의 보유 특허를 A, B, C의 특허군으로 분류한다. A, B, C와 같은 특허 등급을 분류하면 향후 특허를 관리하는 데 큰 도움이 된다.

자사와 경쟁 회사의 특허 평가가 완료되면 시장에서 불필요한 특허를 배제하고 특허 포트폴리오를 만들 수 있다. 특정 제품에 대한 특허 포트폴리오는 질레트처럼 분류할 수 있다. 질레트는 핵심 기술 특허, 파생 기술 특허, 주변 기술 특허로 특허 포트폴리오를 구성했다. 특정 제품에 대한 특허 포트폴리오를 3단계로 구분하고, 자사와 경쟁사의 특허 포트폴리오를 비교해 보아야 한

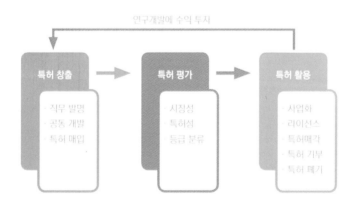

특허 전략 수립 과정

다. 특정 제품에 대한 특허 포트폴리오는 앞에서 설명한 것처럼 주요 기술별로 재분류하여 분석할 수 있다. 자사와 경쟁 회사의 매출 규모와 함께 특허 포트폴리오를 비교해 보면 특허를 어떻게 활용할 것인지, 즉 특허 전략을 수립할 수 있다.

시장에서 경쟁력이 있다면, 보유 특허를 활용하면서 사업을 진행한다. 어떤 제품이나 서비스가 계속 성장할 것으로 예상되고 독점적 지위를 누릴 수 있다면 보유 특허를 점검하고 추가적인 특허를 확보해야 한다. 선발 주자는 초기에 경쟁 기업이 없기 때문에 직접 사업을 추진하여 큰 수익을 낼 수 있다. 만일 몇몇 기업이 시장을 분할하여 지배하고 있다면, 크로스 라이선스를 통하여 시장 진입 장벽을 만들면 된다. 크로스 라이선스는 서로의 특허에 대해 실시권을 부여하는 것으로, 소수의 기업이 특허 카르텔을 형성하는 효과를 낳는다. 다수의 기업이 시장에 뛰어들어 제품 경쟁력이 떨어져 시장을 지배할 수 없다면 라이선스를 통해 수익을 창출하면 된다. 다수의 기업과 라이선스 계약을 체결하여 특허 로열티를 받는 것으로도 충분한 수익이 보장된다.

특허의 유지가 더 이상 필요 없게 되면 다른 기업에 매각하는 방법도 있다. 특허 매각은 자신이 더 이상 특허를 활용할 생각이 없지만 타사의 사업에 필요한 경우, 특허를 자금화하는 방법이다. 특허 매각이 이루어지지 않으면 무상으로 다른 기업에 이전하여 연차료를 감소시킬 수도 있다. 이를 '특허 기부'라고 한다. 특허의 무상 이전도 어렵다면 특허권을 폐기시켜야 한다. 여기서 특허의 폐기는 더 이상 특허를 관리하지 않는다는 것을 의미한다. 연차료를 납부하지 않으면 특허권은 자동 소멸 되기 때문이다.

특허의 활용이 결정되면 기업의 수익을 극대화할 수 있고, 이러한 수익은 연구 개발에 재투입된다. 퀄컴의 사례처럼 특허 경영은 특허를 통한 선순환 구조를 만드는 프로세스가 관건이다. 선순환 구조가 만들어지면 연구 개발이 끊임없이 지속될 수 있고, 기업은 기술 주도권을 유지할 수 있다.

특허는 시장성과 특허성을 모두 만족시켜야 한다

특허를 평가하는 시기는 보통 '특허를 신청하기 전', '특허 등록 전', '연차료를 납부할 때'이다. 즉, 특허 평가 시기는 비용을 투자할 것인지 결정하는 시기다. 특허가 적을 때는 수시로 평가하는 것도 가능하지만, 기업이 가지고 있는 특허가 많아지면 특허 평가에 대한 계획이 필요하다. 매년 특허를 평가하면 좋겠지만, 특허를 평가하는 데 소요되는 비용도 고려해야 한다. 많은 특허를 가지고 있는 기업은 특허 절차를 계속 진행해야 하는지를 결정할 시점에 발명과 특허를 평가하는 것이 보통이다.

'특허를 신청하기 전'의 특허 평가는 발명이 제품에 적용될 수 있을지 고려하고, 선행 기술과 비교하여 특허성이 있는지도 판단한다. '특허 등록 전'의 특허 평가는 특허 심사 후 특허가 등록 및 결정되면 등록료 납부 여부의 결정과 함께 진행한다. 특허 평가에서 불필요한 특허로 판단되면 과감히 등록료를 납부하지 않을 수 있다. '연차료를 납부할 때'의 특허 평가는 미국 특허의 중요성을 감안하여 미국 특허의 연차료 납부 주기(4년)에 따라 진행한다. 한국 특허가 중요한 기업은 한국 연차료를 매년 납부해야 하기 때문에, 매년 또는 별도의 평가 주기를 정하면 된다.

특허의 평가 요소는 크게 시장성과 특허성으로 구별된다. 제품에 적용되거나 가능성이 있는지는 연구 개발 부서에서 평가하고, 특허 명세서의 권리 범위는 특허 부서에서 평가하는 것이 바람직하다. 이러한 방법은 특허 평가가 객관적으로 이루어질 수 있게 한다. 다만, 특허를 평가한 후 특허를 소멸시킬지 여부를 결정할 때 혹시나 특허가 활용될 수 있다는 생각에 결정을 미루는 경향이 발생할 수도 있다. 이러한 분위기가 팽배하면 특허 평가의 목적을 달성할 수 없고, 특허 비용만 계속 증가하게 된다.

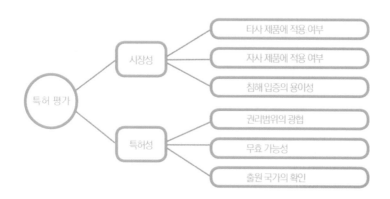

특허 평가 요소

한편, 특허 평가는 현재와 미래 그리고 경쟁 회사를 고려해야 하므로 현실적인 어려움이 따른다. 먼저, 시장성 평가는 제품에 적용되고 있거나 적용 가능성이 있는지에 대해 검토하는 일이다. 이때 특허가 자사 제품에 적용된 것보다 타사 제품에 적용되고 있는지 또는 적용 가능 여부가 더욱 중요하다. 특허권은 경쟁 회사가 사용하지 못하도록 소유하는 권리이다. 자사가 특허권을 가지고 있지만, 타사가 이를 사용할 수 없는 특허이거나 기술적 우위성이 있는 다른 특허를 적용하고 있다면 자사의 특허는 가치가 낮게 평가될 수 있다.

특허가 현재 제품에 적용되거나 곧 적용될 예정이라는 점에 너무 집착해서도 안 된다. 현재 제품에 적용되는 특허라 할지라도 기술 로드맵을 보면 곧 불필요한 특허가 될 수도 있다. 반면, 미래의 가능성을 생각하지 않고 몇 년 내 적용될 가능성이 없다는 이유로 폐기한다면 큰 손해를 야기할 수도 있다. 현재의 제품에만 너무 집착하면 미래 기술이나 개척 발명에 대한 평가가 낮아진다. 결국 개량 발명이나 권리 범위가 협소한 발명만 권리화가 이루어져 추후 특허 포트폴리오를 약화시킬 수 있다. 따라서 미래 기술을 다루는 부서와 제품 개발을 다루는 부서에 대한 특허의 수를 일정 비율로 유지해야 한다.

실시 보상을 사내에서 강화하는 경우에도 여러 문제점이 나타난다. 실시 보상은 자사 제품에 적용되는 발명에 보상을 해 주는 제도로서, 발명자가 실시 보상을 기대하고 미래 기술보다는 당장의 제품에 사용될 기술에만 관심을 가지게 된다. 즉, 좁은 권리 범위를 가지거나 기술 수명이 짧은 개량 발명이 집중적으로 특허로 신청되는 부작용이 생길 수도 있다. 이러한 특허는 제품에 적용되더라도 너무 높게 평가되지 않도록 시스템을 갖출 필요가 있다.

또한, 특허권의 침해를 쉽게 입증할 수 있는지도 검토해야 한다. 단순히 특허 침해를 쉽게 입증할 수 있는 경우와 특허가 제품에 적용되어 침해가 입증된 경우가 있다. 타사 제품이 특허를 침해하고 있다면 이에 대한 증거를 미리 확보하면서 특허 평가를 진행한다. 이는 법원에서 분쟁이 발생될 경우를 대비할 수 있고, 현실적으로 특허 협상이나 매각 등에 사용하기 위해서 필요하다.

특허 부서는 연구 개발 부서에서 시장성을 평가한 내용을 기초로 특허성을 판단한다. 특허 신청 전이라면 선행 기술과 비교하여 얼마나 넓은 권리 범위를 가질 수 있는지 판단해야 한다. 특허가 등록된 후에는 청구항을 집중적으로 분석해서 권리 범위의 광협과 불필요한 한정 사항이나 잘못된 용어가 없는지 판단해야 한다. 또한 자사의 어떤 제품까지 적용될 수 있는 기술인지 판단하고 타사 제품에 어떻게 적용되고 있는지 증거 자료를 수집해야 한다. 이 과정을 통해 주요 특허로 확인된다면 특허가 무효로 될 가능성이 없는지 재확인할 필요가 있다. 한편, 어떤 국가에서 특허권을 확보하고 있는지도 조사해야 한다.

특허의 인용도도 객관적인 자료로 중요한 역할을 한다. 특허 인용도란, 해당 특허 이후 신청된 특허의 심사를 위하여 인용된 횟수를 말한다. 해당 특허가 심사 자료로 계속 활용된다면 기술 트렌드와 일치하고 기술적으로 중요하다는 증거가 될 수 있다.

특허의 인용 관계를 분석하여 특허 신청의 선후를 판단하고 기술적 가치를 가늠해 볼 수 있다. 특허의 평가는 발명자, 즉 연구원에 대한 관리에 활용되기도 한다. 높은 평가를 받은 특허의 발명자는 이직하지 않도록 특별한 인사 관리도 필요하고, 사내 포상을 실시할 수도 있다.

핵 심 포 인 트

- IBM은 핵심 분야의 특허를 사업화하고, 비핵심 분야의 특허는 라이선스를 체결하여 수익을 극대화하였다.
- 많은 특허를 소유한 기업의 경우, 보유 특허 중 5% 정도가 제품에 적용되고, 보유 특허 중 25%를 폐기해야 한다.
- 보유 특허는 정기적인 평가를 통해 특허 등급을 부여하여 관리하고, 특허 활용 방안을 수립해야 한다.
- 특허에 대한 시장성 평가는 연구 개발 부서에서 진행하고, 특허성에 대한 평가는 특허 부서에서 진행함이 바람직하다.

제5장

특허는 우리의 미래다

01
연구 개발의 중심은
특허다

특허는 연구 개발의 부산물이라는 시대는 지났다. 오히려 연구 개발은 특허권을 취득하는 것을 목표로 설정해야 한다. 연구 개발 기획 단계에서 특허 동향 조사 또는 특허 맵이 제공되지 않는다면 연구 개발은 쓸데없는 결과물만 양산할 수 있다.

한국생명공학연구원,
최하위 기관에서 우수 기관으로 도약하다

한국생명공학연구원은 2002년 최하위 기관으로 평가되었으나, 특허 맵 작성을 의무화함으로써 우수 출연 기관으로 도약할 수 있었다. 특히 특허 맵을 통하여 연구 과제 계획서를 작성하여 연구 개발 방향과 전략을 미리 설정함으로써 우수한 성과를 이끌어 낼 수 있었다. 한국생명공학연구원은 2003년 기술 이전 계약 액이 7억 원 수준이었으나, 2008년에는 92억 원의 수준까지 상 승하는 성과를 보여 주었다. 연구를 위한 연구가 아닌 수요자를 위한 연구개발이 이룩한 성과라 할 수 있다. 이러한 프로세스는 국가나 기업의 연구 개발 과제를 수립할 때 일반화된 절차가 되었다.

특허 맵의 역할

기존에는 연구 개발의 결과물을 단순히 특허로 신청하였다. 중 요한 것은 연구 개발이며, 특허는 부산물일 뿐이었다. 하지만 연 구 개발의 목표가 특허권을 획득하는 것이라는 인식이 점차 생겨 나게 되었다. 특허권을 취득하지 못한다면 연구 개발은 기존의 연구를 반복했거나 사업을 진행하더라도 특허 분쟁만 발생시킨 다. 따라서 연구 개발을 기획할 때 특허 동향 조사를 먼저 진행해 야 한다. 이것이 '지식재산권 중심의 연구 개발 전략'이다. 연구

기관, 대학 그리고 기업에 이르기까지 특허 정보를 먼저 분석한 다음, 중복 연구와 특허 분쟁을 방지하고 제대로 된 연구 개발 방향을 설정해야 한다. 연구 기관이나 대학은 수요에 맞춘 연구 결과물을 도출하여 사업을 원하는 기업에 특허를 이전할 수 있으며, 기업은 경쟁 회사의 동향을 파악하고 기술의 발전 방향을 미리 분석함으로써 특허 전략을 수립할 수 있다. 연구 개발에 착수하기 전에 진행되는 특허 동향 조사 또는 특허 맵은 강한 특허와 특허 포트폴리오를 창출한다. 어느 대학의 한 교수는 과거에는 연구 과제를 받아 결과물을 논문으로 제출하고 부수적으로 특허를 신청했지만, 지금은 특허를 취득하기 위해 연구를 진행한다고 말할 정도이다.

특허 맵, 연구 개발의 길을 안내하다

지식재산권 중심의 연구 개발 전략(IP-R&D 전략)은 보통 특허 맵 (patent map)이라는 과제명으로 진행된다. 특허 맵은 수많은 특허를 분석하여 각종 통계와 핵심적인 특허를 추출하는 작업이다. 우리가 이미 알고 있듯, 특허 문서는 기술, 권리, 비즈니스가 녹아 있는 문서이다. 따라서 우리는 특허 명세서나 문서를 통하여 기술 정보, 권리 정보, 비즈니스 정보를 모두 파악할 수 있다. 단순히 특허에 대한 조사가 아니라 연구 개발을 위한, 나아가 기업의 미래를 탐색하는 과정이라 할 수 있다.

특허 맵은 기본적으로 특허를 분석하기 때문에 특허의 권리 정보를 담고 있다. 특허 권리 정보란, 특허 권리 범위의 분석과 이에 따른 침해 가능성 여부에 관한 분석이 이루어지며, 게다가 특허권이 언제 소멸되는지, 특허권자는 누구인지, 특허 양도의 이력까지 확인할 수 있다. 이러한 정보를 바탕으로 매입할 수 있는 특허는 어떤 것인지, 특허 분쟁에 어떻게 대응할 것인지를 알 수 있다.

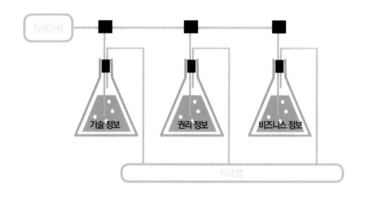

특허 맵에 포함되는 정보

특허 맵은 특허 기술 정보를 포함하기 때문에 기술 개발이 어디까지 이루어졌는지, 어떤 기술 개발 방향들이 있는지도 알 수 있다. 특허 맵은 권리 정보와 기술 정보뿐만 아니라 시장의 동향을 파악할 수 있게 한다. 어떤 회사들이 연구 개발에 참여하고 있는지, 어떤 시기에 중점적으로 해당 연구를 진행했는지, 어떤 기업들이 협력하여 연구 개발을 하고 공동으로 특허를 신청했는지 등을 알 수 있다.

특허 맵은 연구 개발의 기획 단계에서 새로운 연구 과제를 정하기 위해서도 활용된다. 기술 로드 맵이 확정된 기업이나 연구소는 특허 맵을 통하여 기존 연구 개발의 성과와 앞으로의 방향을 파악할 수 있게 한다. 결과적으로 연구원들은 시야를 확장하여 연구의 현재 위치(선발 주자, 후발 주자)를 파악하고, 연구 개발의 중점 영역을 도출할 수 있다.

후발 주자(late comer)는 선발 주자(first mover)와의 격차를 줄이고, 향후 자신이 시장에서 우위성을 가져야 하는 기술 요소에 대한 목표를 설정할 수 있다. 특히 선발 주자와 개발 격차가 있는 후발 주자는 연구 개발에만 매진하다가 현재의 개발 동향을 놓칠 수 있다. 현재의 개발 동향을 알지 못하면 후발 주자는 선발 주자를 따라잡을 수 없다. 이러한 의미에서 특허 맵은 자사의 제품에만 관련된 특허를 분석하는 과정이 되어서는 곤란하다. 선발 주자가 관심을 갖는 기술이 무엇인지 확인하고, 왜 이 부분에 집중하고 있는지 고민할 필요가 있다. 선발 주자가 관심을 갖는 이러한 기술이 그 제품의 주요 기술일 가능성이 높다. 결과적으로 선발 주자가 몇 년 동안 고민하고 연구 및 개발한 기술에 후발 주자가 쉽게 접근하게 된다. 이는 특허 제도가 본래 의도하고 있는 기술 확산과 경쟁의 유도라고 볼 수 있다. 후발 주자는 이 주요 기술에 대해 철저하게 분석할 수 있고, 이에 대한 연구 개발과 특허 전략을 재고할 수도 있다.

특허 맵은 보통 환경 분석, 특허 분석, 전략 수립 단계로 구분하여 진행될 수 있다. 환경 분석이란 자사, 타사, 시장을 분석하는 작업을 말한다. 자사와 타사의 시장점유율이나 기술 격차를 분석하면서 특허 분쟁 현황을 파악해야 한다. 각 기업마다 특허 분쟁을 해결하는 방식은 다르며, 특허경영 방식은 꾸준하게 지속될 가능성이 높다. 따라서, 특허 분쟁 현황은 앞으로의 특허 분쟁의 향방을 예상할 수 있는 단초를 제공해 준다. 다만 새로운 경영자가 특허경영 방식을 바꿀 수 있으므로 경영자에 대한 파악도 중요한 포인트가 될 수 있다. 각종 규제와 정책 동향이 기술 개발 동향에 미치는 영향도 있으므로 환경 분석의 기본적인 사항이 될 수 있다.

특허 맵 진행 순서
출처: 특허청

특허 분석의 첫 번째 작업은 주제에 맞는 기술의 분류다. 기술 분류는 연구 개발 부서의 주도로, 단순히 기계적인 분류가 아닌 현재 연구 개발에서 역점을 두어야 할 부분을 기준으로 확정되어야 한다. 기술 분류는 대분류, 중분류, 소분류 등으로 세분화하고 이를 기준으로 특허 맵의 결과가 도출된다. 예를 들어, '3D 상황인지 센서와 스마트맵 기술 융합 기반 주행 상황인식 모듈 및 안전 지원 시스템 개발'이라는 주제에서 기술 분류는 2D/3D 상황인지 기술과 스마트맵 기술이라는 중분류로 먼저 나누고, 2D/3D 상황인지 기술은 '주행 정보 인식 기술', '위험 정보 인식 기술'이라는 소분류로 나뉘며, 스마트맵 기술은 도로, 교통, 지도 정보를 통합하는 '멀티 정보 스마트맵 융합 기술', 실시간으로 경로를 안내하는 '3D 기반 동적 스마트맵 기술', 운전자의 안전 주행을 위한 '운전자 지원 스마트맵 기술'이라는 소분류로 나뉜다. 이러한 기술 분류를 바탕으로 특허 검색에서 사용될 키워드를 선정해야 한다. 키워드 선정은 1차적으로 선정된 키워드를 사용하여 검색된 결과를 토대로 반복적으로 검토 및 수정하는 과정이 필요하다.

키워드 선정이 완료되면 특허 검색을 본격적으로 진행해야 한다. 특허 검색을 위하여 키워드를 조합하여 '검색식'을 만든다. 검색식은 너무 많은 특허가 검색되어도 곤란하지만, 너무 적은 특허가 검색되어도 안 된다. 너무 많은 특허가 검색되면 이를 분석하는 데 많은 시간과 비용이 소요되며, 너무 적은 특허가 검색되면 주요 특허가 빠질 수 있다. 특허 검색으로 한국, 미국, 일본,

유럽 등의 특허를 추출해야 한다. 여기서 추출된 특허에는 관련이 없는 특허가 많이 포함되는데, 이를 제거하는 작업이 필요하다. 보통 '노이즈(noise) 제거'라는 용어를 사용한다. 노이즈 제거후 남아 있는 관련 특허들을 기술 분류에 따라 정리해야 한다. 검색식이 처음부터 기술 분류에 따라 작성되었다면 별도의 정리는할 필요가 없다.

이제 관련 특허들을 정량적, 정성적으로 분석할 차례다. 정량분석은 관련 특허들의 통계를 이용하여 각종 동향을 분석하는 작업이다. 관련 특허의 신청 건수와 특허 신청인이 계속 증가하고있다면 시장이 성장하고 있다는 것을 의미한다. 각각의 특허 신청인이 상대적으로 얼마나 많은 특허를 신청하고 있는지 파악하고, 기술 분류를 통하여 어떤 분야에 관심이 많은지도 파악할 수있다. 특허 신청 연도를 통하여 연구 개발 시기도 분석할 수 있으며, 공동 연구 개발을 하는 경우, 공동으로 특허를 신청하므로 기술 협력 관계도 파악할 수 있다.

정성 분석은 주요 특허를 선별하는 작업으로, 가장 중요한 단계이다. 정성 분석은 제품 및 비즈니스와 관련되어 검토하기 때문이다. 정량 분석이 아무리 화려해도 제대로 된 정성 분석이 없다면 의미가 없다. 즉, 특허는 제품과 비즈니스를 떠나서 존재할수 없다. 구체적으로 기존의 제품이나 개발 예정인 제품과 관련된 특허를 선별하여 핵심기술, 파생 기술, 주변 기술로 나누어 정리해야 한다. 주요 특허가 선별되면 기술 분류별로 정리하여 경쟁 회사의 특허 포트폴리오를 확인할 수 있으며, 공백 기술도 파악할 수 있다. 주요 특허는 특허 전략을 수립하는 기준이 되는데, 주요 특허에 대해 어떻게 대응할지 결정하고, 이 시나리오에 따라 제품을 출시하기 전에 사업의 리스크를 줄이면서 자사의 이익을 극대화할 수 있는 전략을 마련해야 한다.

특허 전략이 기업 경쟁력을 향상시킨다

정성 분석을 통하여 주요 특허가 선별되면, 특허 전략(IP-R&D 전략)을 수립하는 단계로 넘어간다. 이 단계가 특허 맵의 최종 목적지이며, 기업 경영에 가장 큰 영향을 미친다. 주요 특허를 분석하는 과정은 연구 개발 부서와 특허 부서가 협력하여 진행된다. 연구 개발 부서는 기술 관점에서, 특허 부서는 권리 관점과 비즈니스 관점에서 주요 특허의 의미를 찾아야 한다. 특허 전략은 향후 연구 개발 방향을 설정하고 주요 특허에 대한 대응 전략을 수립하는 것을 말한다. 특허 분석을 통해 알게 된 기술 정보는 연구 개발을 하기도 전에 과제의 해결 방안을 제시해 줄 수도 있다. 즉, 연구 과제로 선정하려던 기술에 대한 해결책이 이미 특허에 제시된 경우도 있다. 자사의 특허가 주요 특허로 선별되었다면 어떻게 보강할지 또는 특허 포트폴리오를 어떻게 만들지도 알 수 있다. 또한 이미 신청된 특허 내용을 알고 있기 때문에 향후 어떤 직무발명을 창출할지를 결정할 수 있다. 특히 자사와 타사의 특허 분포를 파악하고 공백 기술이 있다면, 이 부분을 전략적으로 취득하기 위한 특허 신청이 필요하다.

특허 전략은 선발 주자(first mover)인지 후발 주자(late comer)인지에 따라 다른 관점에서 접근해야 한다. IP-3 프로세스는 특허 전략의 기준을 제시해 준다. 선발 주자가 핵심 기술 특허를 선점하고 있는 경우가 대부분이므로, 선발 주자와 후발 주자는 파생 기술과 주변 기술에 대한 특허를 차지하기 위해 각축전을 펼치게 되고, 특허 전략의 핵심으로 부상한다.

앞에서 살펴본 질레트나 다이슨처럼 선발 주자의 입장이라면, 핵심 기술에 대한 특허를 꾸준히 관리해야 한다. 핵심 기술 특허는 다양한 특허권리범위를 갖도록 '계속 출원'을 할 수 있다. 선발 주자는 핵심 기술과 대등한 기술도 권리로 확보해야 한다. 이는 후발 주자가 시장에 진입하기 위하여 핵심 기술을 회피하거나 대체하는 기술을 탐색할 것이 자명하기 때문이다. 후발 주자가 핵심 기술과 대등한 기술을 사용한다면 핵심 기술 특허는 무용지물이 된다. 질레트가 7개의 후보 기술에서 1개를 선택했지만, 7개 후보 기술을 모두 특허로 등록한 것을 보더라도 알 수 있다. 선발 주자는 우선 핵심 기술과 대등한 기술이 있는지 특허 맵을 통하여 확인해야 한다. 핵심 기술과 대등한 기술이 특허로 등록되었다면, 파생 기술과 주변 기술에 대한 특허가 있는지 점검해 보아야 한다. 만약 특허 맵을 통하여 다른 회사가 소유하고 있는 파생 기술 특허, 주변 기술 특허가 발견되면 적극적으로 특허를 매입하거나 무효가 가능한지 검토해 보아야 한다. 파생 기술 특허와 주변 기술 특허가 후발 주자에게 양도되면, 선발 주자가 만들어

놓은 특허 장벽은 순식간에 무너질 수밖에 없다.

반면에 후발 주자의 입장이라면 상황은 더 복잡하다. 후발 주자는 선발 주자의 특허 현황을 꼼꼼히 점검해야 한다. 주요 특허에 대한 청구항 분석을 통해 침해 가능성이 높다면 특허의 무효, 회피 설계, 라이선스 또는 매입 방안을 강구해야 한다. 다만, 질레트처럼 면도기에 대한 특허를 모두 선점한 회사가 있다면 시장에 진입하기 쉽지 않다. 시장의 진입 장벽을 겹겹이 쌓고 대비하고 있는 상황에서 특허를 무시하고 진입한다면 특허 분쟁은 불보듯 뻔하다. 이는 경쟁 기업인 쉬크(Schick)가 다중 면도날 면도기인 쿼트로(Quattro)를 출시했다가, 질레트가 특허 소송에서 승소한 사건을 보면 알 수 있다. 이렇게 선발 주자가 시장에서 독점적 지위를 유지하고 있다면, 시장에 진입하기 위한 장기적이고 꼼꼼한 전략이 연구되어야 한다.

후발 주자는 선발 주자들이 서로 '특허 카르텔'을 형성하고 있는지도 파악해야 한다. 선발 주자들이 크로스 라이선스를 통하여 후발 주자의 시장 진입을 막을 수 있다. 이때 후발 주자는 모든 선발 주자를 상대하기보다는 어느 일방과 먼저 크로스 라이선스를 체결하기 위한 노력을 진행하는 것도 좋은 방법이다. 첫 번째 크로스 라이선스 계약이 체결되는 일은 어렵겠지만, 이후에 다른 선발 주자와의 협상은 비교적 쉽게 진행될 수 있다. 만일 특허 카르텔을 형성하고 있지도 않으면서 여러 선발 주자가 주요 특허를 가지고 있다면 그나마 다행이다. 여러 선발 주자 중 영업 이익이 떨어지는 회사로부터 특허를 매입하거나 M&A를 하는 방법도 생각해 볼 수 있다. 특허가 분산되어 특허의 가치가 떨어진 점을 십분 활용하는 방법이다. 만약 특허권자가 제조업체가 아니라면, 후발 주자는 특허를 매입하여 특허 경쟁력을 일시에 끌어올릴 수 있다.

주요 특허에 대한 침해 가능성이 높다면, 후발 주자는 먼저 특허의 무효가 가능한지 따져 보아야 한다. 하지만 특허의 무효 전략은 많은 불확실성을 야기한다. 특허권이 무효인지 여부를 검토하면 진보성 판단에 확신을 가질 수 없거나, 많은 종속항을 모두 무효로 만들기 어렵다는 점을 알 수 있다. 특히 많은 특허권이 하나의 특허 포트폴리오를 형성하고 있다면 무효 전략은 더욱 어렵게 된다. 특허를 무효로 만들 수 없다면 특허에 대한 회피 설계를 고려해야 하는데, 회피 설계는 보통 쉽지 않다. 선발 주자가 많은 시도 끝에 찾아낸 기술과 동일한 품질이나 성능을 가지는 기술을 개발하기 어렵기 때문이다. 특허 회피 설게는 여러 전략 중 하나로써 고려될 뿐이다.

후발 주자 입장에서는 자사의 특허를 분석하여 선발 주자를 공격할 수 있는 특허를 개발해야 한다. 선발 주자는 핵심 기술 특허를 보유하고 있으므로, 후발 주자는 파생 기술과 주변 기술과 관련된 특허를 선점하기 위해 노력해야 한다. 이미 특허가 등록되었다면 선발 주자의 제품과 일치하는 특허들을 찾아내야 한다. 그 증거 자료는 개발 부서와 함께 준비하는 것이 좋다. 아직 특허가 등록되지 않았다면 선발 주자의 제품을 분석하여 이에 잘 맞는 특허권을 등록받을 수 있도록 노력해야 한다. 이때 '계속 출원'

을 통하여 특허권리범위가 다른 여러 개의 특허권을 창출할 수 있다. 선발 주자가 아직 선점하지 않은 공백 기술이 있다면 이 분야를 특허로 등록받기 위한 연구 개발도 필요하다. 이와는 별도로 후발 주자는 선발 주자와 기술 협력으로 공동으로 특허를 등록하고, 자연스럽게 대등한 관계로 전환할 수 있다. 기술 협력은 기술 도입을 넘어 특허권을 확보하는 데도 큰 도움이 된다. 선발 주자와 협력할 수 없다면, 대학이나 연구소와 협력하여 필요한 기술을 개발하고 특허권을 취득하는 것도 방법이다. 대학이나 연구소는 기업보다 기초 연구가 많으므로, 기업 내에서 진행할 수 없는 연구 개발을 가능하게 해 준다. 이러한 과정을 통하여 후발 주자는 파생 기술이나 주변 기술을 특허로 등록하고, 추후에 선발 주자에게 크로스 라이선스를 유도할 수도 있다.

───────────── (핵 심 포 인 트) ─────────────

- 특허 맵은 특허 통계와 주요 특허를 추출하는 작업이며, 기술 정보, 권리 정보, 비즈니스 정보를 파악할 수 있다.
- 특허 분석을 위하여 먼저 기술 분류를 바탕으로 키워드를 선정하여 검색식을 만들고, 관련 없는 특허를 제거하여 특허를 정리한다.
- 정량 분석을 통하여, 특허 신청 건수, 특허 신청인, 시장의 성장성, 기업의 관심 기술 분야, 연구 개발 시기, 기술 협력 관계를 파악할 수 있다.
- 정성 분석은 제품이나 비즈니스에 직접 관련되는 주요 특허를 도출하여 특허 전략을 수립하는 기초를 제공한다.
- 파생 기술과 주변 기술에 대한 주요 특허를 검토한 후, 특허 비침해, 무효, 회

피 설계, 매입 또는 라이선스에 대한 전략을 수립한다.

- 주요 특허에 자사의 특허가 포함되어 있다면 경쟁 회사를 공격할 수 있는지 또는 특허를 보강할 수 있는지 검토한 후 대응 전략을 수립한다.

02
기술이 아닌
발명과 특허를 개발하자

록스타의 소송 특허는 총 7건이었지만, 특허 명세서 내용이 모두 동일한 패밀리 특허였다. 첫 번째 특허가 신청된 후 제품과 시장에 맞추어 특허 청구항의 내용을 변경해 가면서 새로운 특허 신청을 이어 갔다. 결국 특허 등록이 한번에 끝나지 않고 10년간 7개의 특허권으로 재탄생했다. 이처럼 강한 특허는 꾸준한 관리와 개발을 통해 만들어진다.

구글, 7개의 패밀리 특허로 공격받다

2009년 캐나다의 통신장비업체인 노텔(Nortel)이 파산하자, 4G 기술 등이 포함된 6,000여 개의 특허를 인수하기 위한 전쟁이 벌어졌다. 2011년 경매에서 구글은 이 특허를 매입하려 했지만, 록스타 비드코(Rockstar Bidco)가 45억 달러에 노텔 특허를 매입하였다. 록스타 비드코는 반(反) 안드로이드 진영인 애플과 마이크로소프트 등이 주축이 되어 결성된 업체이다. 록스타 비드코로부터 특허를 양도받은 록스타 컨소시엄(Rockstar Consortium)은 비제조업체인 특허 전문 기업으로, 구글과 안드로이드 진영을 공격할 것이라고 전망되었다.

2013년 10월 31일, 드디어 록스타 컨소시엄은 텍사스 동부지방법원에 7개의 특허를 침해했다는 이유로 구글 등을 제소했다. 그런데 이 7개의 특허는 하나의 특허로부터 파생된 것으로써, 특허명세서의 내용은 동일하고 청구항만 다른 '패밀리(family) 특허'였다. 1997년 처음으로 특허가 신청된 후, 1999년 US 6,098,065에 대한 '계속 출원'이 이루어지고, 2007년 US 7,236,969 특허를 기반으로 5개의 특허 신청이 동시에 제출되어 등록되었다. 즉, 7개의 패밀리 특허는 끊임없이 손질된 특허들이다. 이러한 현상은 록스타의 소송 특허뿐만 아니라 다른 주요 특허에서도 발견된다.

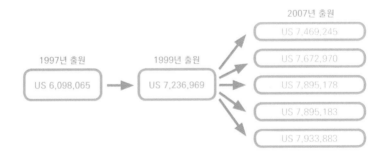

록스타의 패밀리 특허의 등록 과정

왜 이런 현상이 일어나는 것일까? 하나의 특허가 여러 개의 특허권으로 만들어지면 하나의 특허 포트폴리오가 형성될 수 있다. 여러 개의 특허권은 다른 권리 범위를 가지며 강력한 힘을 발휘한다. 피소된 상대방 입장에서는 7개의 특허를 모두 무효로 만들기 부담스럽다. 게다가 7개의 특허권 모두는 전문가가 제품에 맞게 손질했으니 얼마나 빈틈없이 만들었겠는가! 그래서 결과적으로 이 특허들이 소송에 사용되었는지도 모른다. 이러한 특허의 가치는 단순히 연구 개발 결과를 특허로 등록한 것과 차이가 크다. 록스타의 소송 특허에서 알 수 있듯이 기술 개발을 넘어 중요한 특허를 세심하게 관리하고 개발하면 큰 부가가치를 창출할 수 있다. 이제 우리도 발명과 특허를 개발해야 한다.

발명을 다듬고 보강해야 특허가 강해진다

가치 있는 강한 특허를 만드는 일은 발명 과정부터 이루어져야 한다. 당신이 어떤 기업의 연구 개발 부서에서 근무하고 있다고 상상해 보자. 당신이 발명을 하고 특허를 등록받기까지 일어나는 모든 일들은 강한 특허를 만들어 가는 과정이다. 모든 절차와 단계를 소중히 생각하는 마음이 당신의 특허를 가치 있게 만드는 첫걸음이다. 실제로 한국의 발명자보다 미국의 발명자가 자신의 특허에 대해 많은 관심을 가진다. 특허의 가치와 보상금의 차이로 생기는 분위기일지 모르지만, 미국의 발명자처럼 특허에 대한 관심과 신중한 태도가 우리에게도 필요하다.

당신은 연구 개발 전에 특허 맵이나 특허 동향 조사의 일원으로 참여하고, 연구 개발 동향뿐만 아니라 아이디어를 얻을 수도 있다. 무에서 유를 창조할 수는 없기 때문에 특허 맵이나 특허 동향 조사를 통하여 기존의 다양한 연구를 접하게 되고, 이를 기초로 아이디어를 착안하는 과정은 자연스럽다. 기본적인 아이디어를 생각해 내고 구체화했다면, 직무발명신고서를 작성해야 한다. 직무발명신고서에는 당신이 알고 있는 발명에 대한 내용을 최대한 기재해야 한다. 종래 기술의 문제점, 발명의 구성과 특징, 효과 등을 자세히 기술해야 한다. 직무발명신고서가 풍부하게 작성되면 특허 명세서도 많은 기술과 풍부한 실제 예시를 포함하게 된다. 직무발명신고서를 작성하는 과정에서 선행 기술을 간단히 검토해야 하므로 선행 기술을 검색하는 방법을 알아 두는 것이 좋다. 선행 기술 검색을 통해 알게 된 선행 기술을 활용하여 발명의 내용을 보완해야 한다. 특허 맵이나 특허 동향 조사를 통한 아이디어 착상과 선행 기술 조사를 통한 발명의 보완은 발명 완성도를 높여 준다.

이제 당신은 발명자가 되었다. 회사에 직무발명을 신고하면서 발명을 공지했는지를 표시해야 한다. 이러한 과정은 앞에서 설명했듯 특허 신청 전에 논문 발표 등의 공지 행위를 했다면 신규성을 상실하지 않도록 필요한 조치를 취하기 위함이다. 공동 발명자도 기재해야 한다. 공동 발명자가 누구인지 기재하는 일은 좀 애매한 부분이 많다. 혹시 발명자가 어떻게 정의되는지 몰라서 당신의 팀장을 기재할지도 모른다. 그러나 발명자를 잘못 기재하면 특허가 등록된 후 무효가 될 수 있기 때문에 신중해야 한다. 판례에 따르면, 발명자란 어떠한 문제를 해결하기 위해 기술적 수단을 착상하고 이를 반복하여 실현하는 방법을 만든 사람을 말한다. 또한 청구항은 발명을 정의하기 때문에 청구항마다 발명자가 정해질 수 있다. 이러한 기준을 알고 있더라도 발명자를 정하는 일은 현실적으로 어렵다. 따라서 각자가 먼저 발명자인지 스스로 판단하고, 특히 단순히 업무를 지시한 상사, 단순한 보조자 등을 공동 발명자로 포함시키지 않는 최소한의 조치가 요구된다. 추후 미국 특허를 신청할 때 발명자는 서명을 통해 진정한 발명자임을 선언해야 한다는 점을 명심하길 바란다.

당신은 직무발명신고서를 작성하고 당신의 관리자 또는 팀장에게 결재를 상신한다. 당신의 팀장이 당장 제품에 적용되는 기술에만 관심이 있다면 미래의 기술과 관련된 직무발명은 반려될지도 모른다. 직무발명에 대한 관리자의 인식에 따라 기업의 운명도 달라지기 때문에 관리자는 당장의 제품뿐만 아니라 미래의 기술에도 투자해야 한다는 인식을 가져야 한다. 직무발명은 결재권자의 승인에 따라 특허 부서에 전달된다. 일반적으로 특허 부서는 먼저 선행 기술 조사라는 절차를 진행한다. 직무발명과 관련된 선행 특허를 조사하여 먼저 특허성을 따져 본다. 보통 신규성과 관련된 선행 특허는 X, 진보성과 관련된 선행 특허는 Y로 표시된다. 신규성 또는 진보성이 없다는 결과에 너무 실망할 필요는 없다. 연구 개발 경쟁이 치열한 분야일수록 선행 특허는 발견될 확률이 높다. 오히려 선행 특허가 발견되지 않는다면 원천적인 기술이 아닌 한 연구 개발 흐름에 맞지 않는 발명일지도 모른다. 당신의 직무발명과 관련된 선행 특허가 있다는 것을 당연한 현상으로 받아들이고 직무발명을 다시 보완해 나가야 한다. 당신의 발명이 다듬어지고 보강됨으로써 추후 특허 심사 과정을 무난히 통과하게 된다.

이렇게 보완된 발명은 보통 '특허심의회'라고 불리는 회의에 상정된다. 특허심의회는 연구 개발 부서와 특허 부서가 참석하여 발명의 시장성과 특허성을 판단한다. 앞에서 설명한 특허 평가에 대한 기준이 그대로 여기에 적용된다. 특허성은 선행 기술 조사에서 미리 판단되었으므로, 시장성이 주요한 이슈로 부각된다. 당신은 발명이 제품에 적용될 수 있는지 또는 경쟁 회사가 사용할 만한 기술인지 설명할 필요가 있다. 먼저 특허심의회에서 직무발명이 영업 비밀 또는 특허로 보호되어야 하는지 검토되어야 한다. 만약 영업 비밀로 관리할 대상이라면 특허 신청은 배제된다. 특허 신청을 하기로 결정하였다면 발명의 내용에 어떤 내용을 보완할 것인지 등 특허 등록 전략이 논의되어야 한다. 발명의 중요도에 따라 특허를 신청할 국가도 결정해야 한다. 글로벌 기업의 경우, 한국 특허만 신청한다는 결정은 무의미한 경우가 많다. 특허를 신청할 국가는 소비 시장 및 특허 분쟁 국가를 중심으로 결정되는데, 한국보다는 미국 또는 중국이 글로벌 기업에게 더 중요하다. 한 국가에 특허를 신청할 때마다 수천만 원의 비용이 추가되기 때문에, 국가 수의 결정에 신중을 기해야 한다.

특허심의회를 통과하여 특허 신청을 하기로 결정하였다면, 당신은 변리사(또는 특허 작성자)와 특허 명세서를 어떻게 작성할지 논의하게 된다. 만일 당신이 변리사와 만나 직접 발명에 대해 논의하게 된다면 기술에 대해 자세히 설명해 주는 것이 좋다. 당신이 대외비 등을 이유로 필요한 정보를 제공해 주지 않으면 변리사는 특허 명세서 작성에 어려움을 겪게 된다. 변리사는 직업상 비밀유지의무가 있으므로 걱정할 필요가 없다. 특허 부서의 담당자는 변리사와 함께 특허 명세서 작성 방향을 논의한다. 특허 부서의 담당자는 기술 또는 권리 관점이 아닌 비즈니스 관점에서 발명을 보강할 수 있다. 특히 자사와 타사의 제품과 기술 로드맵에 따라 어떻게 발명을 특정할지 제시해 주어야 한다. 당신과 특허 부서의 담당자로부터 설명을 듣고, 변리사는 발명을 이해하고 많은 고민을 통해 특허를 작성한다. 먼저 발명의 기본 개념에 맞게 최대한 넓은 권리 범위를 가지는 청구항을 작성한다. 또한 당신의 특허를 회피하지 못하도록 청구항을 구성하면서 침해를 입증하기 쉽게 작성한다. 더 나아가 당신이 제시하지 못한 변형된 여러 가지 예시를 제시할 수도 있고, 다양한 카테고리의 특허 청구범위를 구성해 줄 수도 있다. 이러한 협력 과정에서 당신의 발명은 새롭게 개발되고 강한 특허로 거듭나게 된다. 강한 특허는 기술, 권리, 비즈니스 관점을 가진 사람들이 협력하여 말 그대로 하나씩 만들어 가는 과정이다. 변리사가 특허 명세서를 작성하면 당신은 기술 관점에서 특허 명세서를 검토해야 한다. 특허 명세서와 도면 등을 확인하면서, 혹시라도 그동안 논의된 기술 내용이 빠지지 않았는지 체크해야 한다. 특허 청구항에 사용된 용어와 한정 사항을 통해 당신의 발명이 어떻게 정의되었는지도 확인할 수 있다.

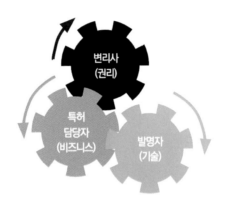

강한 특허 창출을 위한 협업

이러한 일련의 과정을 통해 당신의 발명은 여러 번에 걸쳐 보완되고 개발된다. 당신의 선행 기술 조사에 근거한 발명의 보완, 특허 부서 담당자와 변리사에 의한 특허 명세서의 풍부성은 강한 특허를 개발하는 원동력이 된다. 회사에서 당신의 발명을 중요하게 생각할수록 이러한 과정은 강도 높게 진행될 수 있다. 한편, 회사 내 특허 인프라는 발명자가 강한 특허를 개발할 수 있도록 돕는다. 특허 교육과 특허 검색 시스템이 대표적인 예이다. 회사 내 인프라를 이용하여 특허 부서의 담당자보다 발명자가 주체가 되어 특허를 개발하는 환경이 중요하다.

제품에 맞는 강한 특허로 거듭나라

특허 신청이 완료되고 나면 발명자인 당신은 특허 신청 보상금을 받을지도 모른다. 이제 당신의 발명에 대해 모든 업무를 마무리했다고 생각할 수 있다. 하지만 특허 신청은 강한 특허를 만들기 위한 첫 단추일 뿐이다. 일반적으로 특허가 심사되는 과정에서 특허 청구 범위는 좁아진다. 이후 특허 심사가 완료되면 '등록결정서'를 받는다. 당신은 이제까지 특허 업무에 참여하여 고생 끝에 등록결정서를 받고 모든 절차가 완료되었다고 생각할 수 있다. 등록결정서를 받은 후 이제 등록료만 납부하면 되는데, 이때 당신이 해야 할 일은 무엇일까? 지금이 바로 당신의 특허가 진정 활용될 수 있는지, 즉, 가치가 있는 특허인지 검토해야 할 순간이다. 회사의 제품이나 비즈니스에 사용되지 못한다면 당신의 특허는 등록받을 필요가 없다. 아쉽지만 특허 등록을 포기해야 할지도 모른다.

특허 등록결정서를 받은 후, 앞에서 설명한 특허 평가가 진행된다. 이때 등록받을 특허가 자사 또는 타사 제품에 적용되거나 적용 가능성이 있는지 검토한다. 수년 전에 완성한 발명이 몇 년의 시간이 흘러서 제품에 적용되고 있다면 정말 기쁜 일이다. 당신의 예상이 맞아떨어졌으니 뿌듯 할 만하다. 그러나 기쁨도 잠시, 당신은 강한 특허를 위하여 더욱 세심한 검토를 해야 한다. 몇 년의 시간이 흐르면서 제품의 트렌드가 변경되어, 특허 청구 범위에 기재된 기술과 제품의 일부 내용이 일치하지 않을 수도 있다. 발명자는 이런 일치되지 않는 부분을 정확히 지적하여 특허 부서의 담당자에게 전달해야 한다. 발명자가 등록받을 특허가 제품에 적용될 수 있다고 결론을 내렸다면, 특허 부서의 담당자는 전문적인 특허 분석을 긴장감을 가지고 진행한다. 특허 청구 범위에 불필요한 한정 사항이나 잘못된 기술 용어가 있는지 판단한다. 때로는 청구항에 기재된 용어가 잘못되지 않았지만, 이해하기 어렵거나 모호하게 기재되어 특허를 활용하기 어렵거나 침해 입증이 곤란한 경우도 있다.

앞에서 언급된 미비점이 발견되면 우리는 어떤 조치를 취해야 하는가? 제품과 일치하는 특허 청구 범위를 구성하는 방법은 '계속 출원(continuing application)'이다. 계속 출원이란 원래의 특허 신청이 특허청에 계류 중이라면 신청일의 이익을 유지하면서 별도의 특허를 신청하는 것을 말한다. '신청일의 이익'이란 앞서 설명한 우선권 주장처럼 원래의 특허 신청일에 신청한 것처럼 취급하는 것을 말한다. 따라서 계속 출원과 원래의 특허 신청일 사이에 선행 기술이 있더라도 문제 되지 않으며, 처음 발명한 내용 중 특허 명세서의 어떤 부분을 권리로 할지 다시 결정하는 절차이다. 계속 출원을 신청할 때, 발명 과정부터 특허 신청까지 여러 번 보강하여 만들어 놓은 특허명세서가 비로소 힘을 발휘한다. 발명자의 기술 내용의 추가, 변리사의 넓은 권리 확보를 위한 노력, 특허 담당자의 제품 및 기술 로드맵 정보가 특허 명세서에 다양한 형태로 포함되어 있다면 특허 청구 범위를 변경할 수 있는 근거가 풍성해지고 운신의 폭이 넓어진다.

특허 명세서가 많은 기술 내용을 포함하고 있다면, 기존 청구항과 다른 기술 내용으로 계속 출원의 청구항을 작성할 수 있다. 특허권자는 계속 출원을 통하여 몇 년 전에 작성된 특허 내용을 기준으로 특허 신청 후에 출시된 제품이나 서비스에 일치시킨다. 특허권자는 계속 출원의 청구항이 등록되면 큰 혜택을 볼 수 있지만, 제3자는 예상치 못한 일격을 당한다.

제품이 구체적으로 확정되지 않았다면 일단 계속 출원을 제출하고 등록될 때까지 시간을 지연시킬 수도 있다. 경쟁 회사는 이러한 계속 출원을 위험 요소로 느낄 것이며, 특허 등록이 완료되지 않고 특허청에 계류 상태로 남아 있으면 제품 출시를 망설이게 된다. 특허 침해 여부와 무관하게, 경쟁 회사의 불안감과 망설임은 계속 출원의 또 다른 효과라 할 수 있다. 표준 기술을 구현하는 데 반드시 사용되는 표준 특허도 동일한 절차를 따른다. 표준 문서의 규격에 따라 특허 청구 범위를 보정하거나 계속 출원을 제출하여, 표준 특허는 표준 규격과 특허 청구 범위를 일치시키는 과정을 겪는다.

특허 평가를 통하여 불필요한 특허는 폐기해야 하지만, 특허 평가로 골라낸 소수의 특허는 그 가치에 걸맞게 시간과 비용을 투자해야 한다. 제품 또는 비즈니스에 적용되거나 경쟁 회사도 사용하려고 하는 특허는 몇 번이고 제품에 맞게 고쳐서 새롭게 계속 출원을 제출하는 전략이 특허 평가와 함께 결합된다. 록스타의 소송 특허에서 보듯이, 여러 개의 계속 출원은 10년 동안 이어질 수도 있으며, 꼬리에 꼬리를 물고 연결될 수 있다. 계속 출원은 발명자, 특허 부서의 담당자와 변리사가 협력해야 좋은 결과를 얻게 된다. 회사 내에 실시 보상이나 처분 보상 제도가 있다면 계속 출원의 청구항이 등록되고 나서 발명자는 상당한 보상금을 받을 수 있다.

계속 출원을 이해하기 위해서, 다이슨의 날개 없는 선풍기 특허로 돌아가 보자. 다이슨의 날개 없는 선풍기 특허에 대해 등록 결정서를 받았다고 가정하자. 등록 결정된 청구항은 베이스부, 노즐, 마우스부, 디퓨저부, 가이드부를 포함하는 날개 없는 선풍기이다. 이 특허 청구항은 다이슨의 선풍기 제품(Dyson Cool)의 구성 요소와 일치한다. 따라서 이 특허에 대해 등록료를 납부하고 특허를 등록한다는 결정을 일차적으로 내린다.

특허 청구항

기류를 발생시키기 위한 무블레이드 선풍기 조립체로서,

공기 유동을 발생시키기 위한 수단을 포함하는 **베이스부**,

상기 공기 유동이 유입되는 내부 통로를 포함하며, 상기 베이스부 상에 탑재된 노즐, 및

상기 공기 유동을 방출시키기 위한 **마우스부**(mouth)를 포함하고,

상기 노즐은 상기 마우스로부터 방출되는 공기 유동에 의해 상기 선풍기 조립체 외부로부터 공기가 유입되는 개구를 형성하도록 축을 중심으로 연장되며,

상기 노즐은 공기 유동을 유도할 수 있도록 상기 마우스부가 배치되는 표면을 포함하고, 상기 표면은 상기 축으로부터 테이퍼가 진 **디퓨저부**(diffuser portion) 및 상기 디퓨저부의 하류부에 각을 이루며 위치된 **가이드부**(guide portion)를 포함하는 무블레이드 선풍기 조립체.

Dyson Cool   Dyson
Hot + Cool   Dyson Pure
Hot + Cool

출처: 다이슨 홈페이지

다음으로 제품의 트렌드가 어떻게 변하고 있는지도 확인한다. 다이슨은 소비자의 요구에 부응하고자 선풍기(Dyson Cool)에 온풍기 기능을 추가한 제품(Dyson Hot+Cool)과 온풍기 기능뿐만 아니라 공기 청정기를 추가한 제품(Dyson Pure Hot+Cool)을 개발했거나 판매하고 있다고 가정해 보자. 이러한 상황이라면 Dyson Cool 제품뿐만 아니라 Dyson Hot+Cool 제품 또는 Dyson Pure Hot+Cool 제품과 특허 청구항이 잘 일치하는지 확인해야 한다.

출처: 다이슨 홈페이지

　온풍기(Dyson Hot+Cool) 제품은 디퓨저부는 있지만 가이드부가 없는 형태로 확인되었다고 가정해 보자. 가이드부의 차이로 인하여 특허 청구항과 온풍기는 구성 요소가 일치하지 않았다. 한편, 특허 청구항이 다이슨의 제품과 잘 일치하더라도 특허를 회피할 수 있는지 살펴보아야 한다. 다른 회사는 앞에서 언급한 대로 선풍기에서 '가이드부'를 제외한 제품을 판매하여 특허를 회피할 수 있다. 마침 다이슨은 '에어 블레이드'라는 손 건조기로부터 날개 없는 선풍기를 발명했으니 따뜻한 바람이 나오는 온풍기에 대해 특허 명세서에 처음부터 기재했다고 가정해 보자. 날개 없는 선풍기에 대한 특허를 등록받는 것은 당연하지만, 다이슨은 온풍기에 대해서도 특허로 보호해야 한다. 특허 명세서에만 기재되고 특허 청구 범위에 기재되지 않은 온풍기에 관한 기술은 세상에 기부한 기술일 뿐이며, 특허권자의 권리에는 속하지 않는다. 계속 출원을 제출하면, 세상에 기부한 것으로 취급된 기술이 다시 특허권자의 권리로 재탄생된다. 다이슨이 온풍기를 특허로 보호하기 위해 다음과 같은 계속 출원의 청구항을 작성했다고 생각해 보자.

계속 출원의 청구항

기류를 발생시키기 위한 무블레이드 선풍기 조립체로서,

공기 유동을 발생시키기 위한 수단을 포함하는 베이스부,

상기 공기 유동이 유입되는 내부 통로를 포함하며, 상기 베이스부 상에 탑재된 노즐,

상기 내부 통로 내에 위치하는 공기 가열부 및

상기 공기 유동을 방출시키기 위한 마우스부를 포함하고,

상기 노즐은 상기 마우스로부터 방출되는 공기 유동에 의해 상기 선풍기 조립체 외부로부터 공기가 유입되는 개구를 형성하도록 축을 중심으로 연장되며,

상기 노즐은 공기 유동을 유도할 수 있도록 상기 마우스부가 배치되는 표면을 포함하고, 상기 표면은 상기 축으로부터 테이퍼가 진 디퓨저부를 포함하는 무블레이드 선풍기 조립체.

온풍기에 대한 계속 출원의 청구항은 원 청구항에 기재되어 있지 않았던 공기 가열부를 포함하고, 제품에 적용되지 않은 가이드부를 삭제했다. 이제 계속 출원의 청구항이 심사되고 등록되

면 다이슨의 온풍기도 특허로 보호된다. 그렇다고 계속 출원은 꼭 하나만 제출할 수 있는 것은 아니다. 만일 선풍기 제품(Dyson Cool)에서 가이드부를 제외하여 회피하는 제품을 다른 회사가 판매하고 있다면, 원래의 청구항에서 가이드부를 삭제한 계속 출원을 제출할 수 있다. 또한 특허 명세서에 처음부터 공기 청정기에 대한 기재가 있었다면 공기 청정기를 추가한 제품(Dyson Pure Hot+Cool)에 대해서 청구항을 작성하여 계속 출원을 제출할 수 있다. 계속 출원은 여러 개를 한꺼번에 제출할 수도 있고, 꼬리에 꼬리를 물고 순차적으로 제출할 수도 있다.

선발 주자는 넓은 권리 범위를 가지는 계속 출원을 시도하여, 후발 주자의 시장 진입을 최대한 차단할 수 있다. 다이슨은 가이드부가 있는 선풍기, 가이드부가 없는 선풍기, 온풍기, 공기 청정기를 추가한 제품까지 특허로 등록하여 강력한 특허 포트폴리오를 만들 수 있다. 또한 날개 없는 선풍기에 대한 특허가 분산되지 않아 다이슨의 특허 가치는 더욱 높아지는 효과가 있다.

후발 주자는 계속 출원을 통해 경쟁 회사를 공격할 수 있는 카운터 클레임(counter claim) 특허를 만들 수 있다. 특히 선발 주자의 특허 포트폴리오가 강력하다면, 이에 반격할 특허를 준비해야 한다. 핵심 기술이 아닌 파생 기술과 주변 기술에 대한 특허에 초점을 맞추어야 한다. 예를 들어 후발 주자가 파생 기술인 날개 없는 선풍기에 온풍기 기능을 먼저 생각하여 특허 신청을 이미 진행하였다면, 후발 주자는 다이슨의 제품에 맞추어 온풍기 제품과 가이드부가 제외된 제품에 대해 계속 출원을 제출해야 한다. 설령 후발 주자의 이러한 청구항이 좁은 권리 범위를 갖더라도 선발 주자를 공격할 수 있고, 무효 가능성을 최대한 줄일 수 있으므로 좁은 권리 범위 자체가 문제 되지 않는다. 만약 좁은 권리 범위를 갖는 계속 출원을 제출했는데 선발 주자 또는 경쟁 회사가 제품의 구성 요소를 변경한다면 재차 계속 출원을 제출하면 된다. 후발 주자는 계속 출원을 통하여 끈질기게 카운터 클레임 특허를 만들어 나가야 한다.

계속 출원은 미국 특허법에 존재하는 제도이지만 한국, 일본, 중국, 유럽에는 계속 출원에 대응되는 '분할 출원' 제도가 있다. 계속 출원은 주로 등록결정서를 받고 등록료를 납부하기 전에 제출된다. 미국 특허에 대해 계속 출원을 제출하는 경우 한국, 일본, 중국, 유럽에도 분할 출원을 제출하는 것이 바람직하다. 우리가 이미 알고 있듯이, 특허 독립의 원칙상 각 나라마다 특허권을 확보해야 하기 때문이다. 이제 특허 신청과 등록에만 신경 쓰는 시대는 지났다. 우리 기업들이 선발 주자이든 후발 주자이든 관계없이 계속 출원을 적극 활용해야 한다. 다만 계속 출원은 특허 관리와 평가가 선행되어야 가능하므로, 기업 내에 계속 출원을 포함하는 특허 관리 프로세스를 수립해야 한다.

핵 심 포 인 트

- 기업의 핵심 특허는 하나의 특허로부터 파생되어 여러 번 특허 신청이 이루어진다.

- 발명자는 직무발명에 대해 선행 기술을 조사하여 발명의 내용을 보완하고, 발명의 구성과 효과를 최대한 상세히 기술해야 한다.
- 발명자는 직무발명에 대해 공지 행위가 있었는지, 공동 발명자는 누구인지 신중히 기재해야 한다.
- 발명자는 특허 부서가 진행한 선행 기술 조사에 대한 결과를 받고, 선행 기술과 비교하여 특허성을 인정받을 수 있도록 발명의 내용을 재차 보완한다.
- 발명자는 기술 관점에서, 변리사는 권리 관점에서, 특허 담당자는 비즈니스 관점에서 협력하여 최종적인 특허 명세서를 만들어야 한다.
- 특허에 대한 등록결정서를 받은 후, 제품과 일치하지 않는 부분을 보강하는 '계속 출원'이 진행된다.
- '계속 출원'은 기업의 전략에 따라 여러 개를 한꺼번에 제출할 수도 있고, 순차적으로 제출할 수도 있다.
- 선발 주자는 넓은 권리 범위를 가지는 '계속 출원'을 시도하여 후발 주자의 시장 진입을 최대한 차단할 수 있다.
- 후발 주자는 '계속 출원'을 통하여 선발 주자의 제품과 일치하는 카운터 클레임 특허를 만들어야 한다.
- 미국에서 '계속 출원'이 제출되면 다른 국가에 이에 대응하는 '분할 출원'이 제출되어야 한다.

03
국제적인 특허 분쟁에
당당하게 맞서라

서울 반도체는 업계 1위인 일본의 니치아를 상대로 특허 분쟁에 당당히 맞섰다. 결국 서울 반도체는 니치아와 크로스 라이선스를 체결하는 결과를 이끌어 냈고, LED 산업의 특허 장벽을 넘어섰다. 우리 기업이 글로벌 특허 분쟁에서 포기하지 않고 끝까지 싸워 사실상 승리한 사례이다.

서울 반도체, 니치아를 상대로 특허 분쟁에서 승리하다

LED 산업은 업계 1위인 니치아를 중심으로 특허 장벽을 형성하고 있었다. 니치아는 오스람, 필 립스, 크리, 도요다 고세이와 크로스 라이선스를 맺고 특허 카르텔을 구성하면서 시장에 신규로 진입하려는 한국과 대만 업체를 특허 소송으로 견제하였다. 이러한 LED 산업 환경에서 니치아는 2006년 1월 서울 반도체를 특허 침해를 이유로 제소하기에 이르렀다.

서울 반도체의 이정훈 사장은 특허 로열티를 지불하고 적당히 합의하자는 주변의 설득에도 불구하고 니치아의 특허 소송에 당당히 맞섰다. 이정훈 사장은 2007년 10월부터 1년 2개월간 머리카락을 깎거나 다듬지 않은 채 결의를 다졌다고 한다. 서울 반도체는 2007년 11월과 12월에 매입한 특허를 이용하여 니치아를 제소함으로써 반격에 성공하였다. 그리고 마침내 2009년 2월 서울 반도체는 니치아와 특허 사용을 상호 허락하는 크로스 라이선스 계약을 맺었다. 서울 반도체가 니치아를 상대로 사실상 승리했다는 분석이 대세였다. 현재 서울 반도체는 1만여 개의 특허 포트폴리오를 갖추고 있으며, 니치아뿐만 아니라 오스람, 필립스와 크로스 라이선스를 체결하였다. 결국 서울 반도체는 특허 분쟁에 당당히 맞서서 특허 장벽을 넘어 시장 진입에 성공하는 결과를 보여 줬다. 2024년 현재까지도 서울 반도체는 글로벌 기업을 상대로 특허 소송에서 승소하면서 그 명성을 떨치고 있다.

일방만 특허를 침해하는 경우는 드물다

어떤 기업은 특허권자로부터 특허 침해 경고장을 받으면 당황하고 어찌할 줄 모른다. 특허 분쟁은 차분한 검토와 다양한 시나리오를 수립함으로써 해결할 수 있다. 먼저 상대방이 원하는 것이 무엇인지 알아내야 한다. 니치아처럼 시장 진입을 저지하기 위한 것인지 아니면 라이선스를 통해 수익을 얻기 위한 것인지 등 상대방의 의도를 파악한다면 효과적으로 대처할 수 있다.

경고장을 받으면 과격하게 답변을 보내거나 무대응으로 일관할 필요는 없다. 경고장에 대해 언제까지 검토하겠다는 등 어느 정도 상대방과 좋은 분위기만 형성해도 충분하다. 경고장을 받으면, 먼저 특허 침해 분석부터 진행해야 한다. 특허 침해 분석은 청구항 검토를 의미한다. 청구항에 기재된 모든 구성 요소와 한정 사항이 제품이나 서비스에 그대로 적용되었는지 꼼꼼히 체크해야 한다. 하나라도 제품이나 서비스와 일치하지 않는다면 특허권 침해가 아니다.

등록 청구항에 기재된 모든 구성 요소와 한정 사항이 제품과 일치하더라도 등록되는 과정에서 자신의 권리가 아니라고 이미 배제한 부분이 있는지 검토해야 한다. 이는 '금반언(estoppel)의 원칙'이라고 한다. 사전적인 의미의 금반언은 특정한 주장을 하고 나중에 반대되는 주장을 금지한다는 뜻이다. 특허 분야에서 말하는 금반언은 특허 심사 과정에서 자신의 권리가 아니라고 주장하여 특허로 등록되었지만, 특허권을 행사할 때 심사 과정에서 배제한 부분을 다시 포섭하는 행위를 금지한다는 의미이다. 금반언에 의해 배제된 기술을 사용하고 있다면 특허권 침해가 아니다. 이외에도 특허 청구항과 제품이 일치해도 비침해 논리를 적용할 수 있다. 현재 사용하는 기술에 대해 선사용권을 가지거나 자유롭게 사용할 수 있는 기술(자유실시 기술)일 수 있다. 선사용권의 항변은 특허 신청 전에 먼저 사용하고 있었다는 증거 자료가 있다면 얼마든지 가능하다. 자유실시 기술의 항변은 현재 사용하는 기술이 공지의 기술만으로 이루어지거나 공지 기술로부터 용이하게 실시할 수 있는 경우에 인정된다.

특허 청구항을 검토한 후 특허권을 침해했다는 결론에 귀착하였다면 특허가 무효일 수 있는지 검토해야 한다. 심사관이 특허 심사과정에서 모든 선행 기술을 찾기도 어려우며 심사에 투입되는 시간도 현실적으로 부족하기 때문에 특허 심사에 한계점이 발생한다. 한국의 무효 심판에서 특허가 무효화되는 비율은 50%가 넘는다. 특허의 무효 검토는 신규성과 진보성을 위주로 진행된다. 선행 기술과 비교하여 모든 구성 요소와 한정 사항이 동일하다면 신규성이 없다고 할 수 있다. 진보성은 여러 개의 선행 기술과 조합하여 판단할 수 있는데, 진보성이 없다고 결론을 내리더라도 그 불확실성이 여전히 존재한다. 실제 소송에서 진보성에 대한 판단이 어떻게 내려질지 확신할 수 없기 때문이다. 특히, 특허 무효 심판이 청구되면, 특허권자는 청구항을 정정할 수 있다. 스스로 무효 가능성이 높다고 인정되는 청구항에 선행 기술과 구별되는 특징을 포함시키면, 특허를 무효로 만들기 어려워진다. 또한 특허 청구항이 많으면 많을수록 모든 청구항을 모두 무효로 만들기 쉽지 않다.

이러한 어려움에도 불구하고 한국 특허심판원에서 특허가 무효로 판단되면 특허법원에서 유효로 뒤집히는 경우는 거의 없다. 행정 기관에서 특허를 무효로 하였다면 사법기관에서 이러한 판단을 존중해 주는 듯하다. 특허법원에서 특허심판원이 무효라고 판단한 내용이 다루어질 때, 정정 심판을 통하여 청구항을 정정하고 다시 특허성을 인정받으려고 시도할 수 있다. 실무적으로 특허법원에서 특허심판원 정정 심판의 결과를 기다려 주는 경우가 있고, 정정 심판에서 정정된 청구항의 유효성이 인정된다면 특허법원에서도 이를 기초로 특허가 유효하다는 판단을 내릴 수 있다. 이와는 반대로 한국 특허심판원에서 특허가 유효라고 판단하였지만, 특허법원에서 새로운 증거를 근거로 특허가 무효라고 판단할 수 있다. 우리나라는 특허법원에서 새로운 증거를 제한 없이 제출할 수 있기 때문에 특허심판원에서 특허가 유효라는 판단이 나오더라도 특허법원에서 새로운 증거를 제출하는 끈질김이 필요하다.

신규성 및 진보성 외에 다른 무효 사유가 존재할 수 있는데, 정보개시진술서(IDS: Information Disclosure Statement)를 제출하였는지 진정한 발명자인지가 다루어질 수 있다. 정보개시진술서의 제출 의무는 출원인이나 대리인이 알고 있는 선행 기술을 특허청에 스스로 제출하는 제도이다. 이는 미국 특허법에 존재하며, 특히 다른 나라의 심사 과정에서 특허성과 관련된 인용 문헌이 발견되었지만 미국 특허청에 제출되지 않았다면 무효가 될 수 있다. 진정한 발명자인지 여부는 공동 발명자를 누구로 해야 할지 어려운 문제이지만, 너무 많은 발명자가 기재되어 있거나 상당 규모의 회사임에도 대표이사가 모든 특허의 발명자로 기록되어 있다면 무효 주장을 제기할 만하다.

드문 사례로, 해외에서 완성된 발명이 그 국가부터 특허가 신청되지 않았다는 이유로 무효로 되는 경우가 있다. 보통 '해외 선출원 규정'이라고 부른다. 미국, 중국, 인도 등이 가지고 있는 제도이다. 예를 들어, 한국 기업이 미국 대학과 공동으로 연구 개발을 진행한 후, 일반적인 절차에 따라 한국 특허를 신청한 후 미국 특허를 신청하면 미국 특허법을 위반하게 된다. 미국 특허법은 미국에서 완성된 발명은 미국에 먼저 특허를 신청하고, 해외 특허 신청에 대해 허락(foreign filing license)을 받아야 한다는 규정을 두고 있다. 공동 연구 개발 외에 한국 기업이 해외에 연구소나 공장을 설립하고 특허를 진행하는 경우도 이 규정이 문제 된다. 보통 특허청 심사관은 발명이 어디에서 완성되었는지 따지지 않으므로 이 규정 때문에 특허를 거절하지 않으며 특허가 등록된 후 제3자에 의하여 문제가 제기된다.

특허가 무효라는 결론을 얻더라도 특허 무효에 대한 불확실성으로 인하여 다양한 분쟁 시나리오를 준비해야 한다. 코닥(Kodak)은 즉석 사진 카메라 시장에 진입하여 폴라로이드(Polaroid)와의 특허침해소송에서 7개의 특허를 침해했다는 이유로 패소하고 30억 달러 이상의 손실을 보았다. 당시 코닥은 폴라로이드의 수많은 특허들을 법원에서 무효로 만든다는 잘못된 전략을 가지고 있었다. 아무리 특허 무효의 가능성이 높아도 회피 설계, 개량 특허의 취득, 특허 매입 등 다양한 전략을 구사해야 한다. 특허 무효 전략은 강력한 전략이지만, 다양한 전략 중 하나일 뿐이다. 특히 많은 특허에 대한 무효는 현실적으로 어려운 일이다. 또한 특허의 무효 자료가 충분히 갖추었더라도, 특허 소송이 실제로 일어났을 때 비로소 특허 무효 심판을 청구하는 편이 낫다. 특허 소송이 생기지도 않았는데 특허 무효 심판을 청구하면, 협상으로 마무리될 수 있는 상황을 상호 공격하는 분위기로 바꿀 수 있기 때문이다.

특허 무효에 대해 분석한 후, 특허 무효에 대한 유력한 선행 기술이 없다면 회피 설계를 진행할 수 있다. 만일 상대방의 특허가 기본 기술 또는 원천 기술에 관한 것이라면 회피 설계는 불가능하므로 라이선스 계약을 고려해야 한다. 회피 설계는 다양한 기술 후보가 있는 개량 기술에 대해 사용할 수 있는 방법이기 때문이다. 회피 설계는 특허 소송을 피하기 위함도 있지만, 특허 협상에 대한 유리한 고지를 선점하기 위해서도 필요하다. 회피 설계 기술이 제시되면 그만큼 특허의 가치가 떨어지고 특허권자의 협상력이 저하될 수 있다. 이처럼 회피 설계는 제품에 적용하기 위해 개발되기도 하지만, 반드시 그런 것만은 아니다.

특허 전문가 또는 문제 해결 전문가들이 자주 범하는 오류가 있다. 회피 설계의 결과물이 특허 관점에서는 옳지만, 경영자나 연구 개발자의 입장에서는 너무 피상적일 수 있다는 점이다. 경영자는 회피 설계보다 로열티를 지불하고 사업 매출을 신장시켜 시장을 장악하고 싶어 한다. 또한 회피 설계의 개발 기간이 상당 기간 소요된다면 시장의 진출 시기를 놓칠 수 있기 때문에, 회피 설계를 하기 위하여 시간을 흘려보내면 회피 설계를 위한 회피 설계만 될 뿐이다. 연구 개발자는 회피 설계 방안이 동일한 품질 또는 성능을 갖는지 여부가 중요하다고 여긴다. 실컷 회피 설계를 했는데, 상대방 특허 발명보다 열등하다면 제품에 적용하지 못하기 때문이다. 또한, 회피 설계 기술을 적용하게 되었을 때 원가 상승이 발생한다면 소비자에게 외면당할 수 있다. 상대방의 특허권이 주요 특허로서 평가받는 이유는 다른 기술보다 기술적 우위에 있기 때문이다. 이러한 전제에서 회피 설계는 연구 개발자와 함께 전략적으로 추진해야 한다. 회피 설계에 대한 검토는 브레인스토밍이나 트리즈(TRIZ)를 활용할 수 있다. 트리즈는 트리밍(Trimming) 기법을 포함하는데, 등록 청구항에서 일부 구성 요소를 제거하는 방법을 찾는 기법이다.

상대방의 특허권을 분석하면서도 자신의 특허권을 분석하는 일을 놓쳐서는 안 된다. 상대방의 특허권과 관계없이 자사의 특허권을 이용하여 상대방을 공격할 수 있기 때문이다. 카운터 클레임(counter claim) 특허는 협상 과정에서 강력한 힘을 발휘하며, 소송으로 비화된다면 역제소를 하는 데 이용된다. 상대방이 역제소를 당하게 되면 특허 소송에서 패소할 위험을 피하기 위해 협상에 응할 가능성이 높아지게 된다. 어느 일방만 특허권을 침해하기는 힘들기 때문에 자사의 특허권과 상대방의 제품을 분석하여 공격할 무기를 충분히 만들어야 한다.

자신의 특허권 중 상대방을 공격할 특허가 충분하지 않으면 특허 매입을 고려할 수 있다. 특허의 매입은 상대방의 제품에 일치하는 특허를 찾는 과정이다. 특허를 매입할 때는 자신을 드러내지 않는 것이 중요하다. 특허권을 매입하려는 자가 현재 특허 분쟁 중이거나 일어날 가능성이 있는 기업이라는 것을 알아차리면 곤란하다. 또한 매출이 상당하다는 점이 알려지면 특허권의 가격은 엄청나게 올라간다. 보통 특허 브로커를 통하여 특허 매입이 이루어지는 이유다. 특허 양도가 합의된 후 특허 브로커가 양도인에게 양수인을 알려 주는 방법이 안전하다. 한편, 특허를 매입할 때 특허권의 유효성을 미리 검토해야 한다. 유효성 검토는 특허를 매입한 후 특허가 무효로 되는 위험을 줄여준다.

특허의 매입은 실제로 공격 특허를 준비하는 유용한 특허 전략이다. 서울 반도체는 특허 분쟁에서 니치아에게 역제소를 하게 되는데, 역제소에 사용된 특허는 모두 매입된 특허였다. 니치아와 특허 분쟁이 발생한 2006년 1월 이후, 서울 반도체는 프랑스 텔레콤으로부터 US 5,075,742 특허를 2007년 1월 매입하였고, APA Enterprises로부터 US 5,321,713 특허를 2006년 7월 매입하였다. 서울 반도체는 매입한 특허를 활용하여 역제소함으로써 크로스 라이선스라는 결과를 이끌어 냈다.

종합적으로 살펴보면, 경고장을 접수한 후 침해 분석을 거쳐 비침해 자료, 특허 무효 조사, 회피 설계 및 공격 특허를 준비할 수 있다. 비침해 자료, 특허 무효 조사, 회피 설계, 공격 특허는 순서대로 준비하는 것이 논리적이라고 생각할 수 있다. 하지만 현실적으로 특허 분쟁 대응 순서가 좀 비논리적으로 보이더라도 특허 침해 여부를 분석하고 다양한 전략과 시나리오를 병행하는 것이 더욱 유리하다. 특허 분쟁 결과의 불확실성을 줄이면서도 상대방을 압박하는 다양한 수단이 있을 때, 특허 협상에서 유리한 고지를 차지할 수 있다. 제조업체들 사이에서 특허 분쟁이 어느 일방의 승리로 종결되는 경우는 드물다. 설령 특허 소송으로 번지더라도 진정한 승자 없이 화해로 종결되는 경우가 대부분이다.

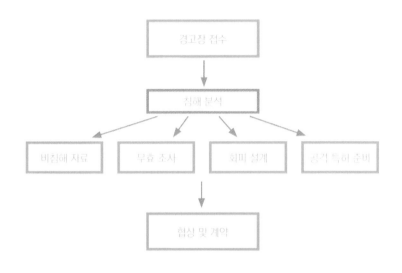

특허 대응 순서도

특허 괴물의 공격에 대응하는 방법을 모색하자

비제조업체(NPE)는 특허 괴물로 불리기도 한다. 특허 괴물이라는 용어는 비제조업체의 압박이 얼마나 제조업체에게 무서운지를 단적으로 보여 준다. 우리 기업이 피해를 입는다는 측면에서

'특허 괴물'이라는 용어를 사용해 보자. 특허 괴물이 특허권 침해의 경고장을 보내면 대응 방안이 마땅치 않다. 상대가 제조업체라면 공격 특허를 준비해서 역제소를 할 수 있는데, 비제조업체에게 역제소가 불가능하기 때문이다. 우리가 앞에서 검토한 것처럼 특허 괴물의 특허권에 대해 비침해 논리를 개발하고, 특허 무효를 조사하고, 회피 설계를 준비한다고 해도 특허 괴물의 공격에 대응하기는 역부족이다. 특히 특허 괴물이 많은 특허들을 포트폴리오로 묶어서 공격한다면 더 감당하기 힘들다.

어떤 벤처기업이 연구 개발을 더 이상 진행하지 않으면서, 특허권만을 행사하는 특허 괴물로 변신한 경우를 지켜본 경험이 있다. 이 벤처기업은 특정 기업을 상대로 특허 소송을 제기하여 다른 기업들을 긴장시켰다. 이후 벤처기업은 다른 기업과 라이선스 협상을 진행하였다. 라이선스 계약이 완료되자 이번에는 또 다른 기업을 찾아가 자신의 회사를 M&A 하라고 요구하였다. 일련의 과정을 지켜보면서 이 벤처기업은 굉장히 치밀한 전략으로 움직인다는 것을 깨달았다. 이렇게 치밀한 전략으로 특허 괴물이 공격하더라도 우리 기업들은 당당하게 맞서야 한다. 다양한 전략으로 대응하면서 쉽게 당하지 않는다는 인상을 심어 주어야 한다. 강하게 반발하는 상대가 나타나면 특허 괴물도 큰 위험을 감수하면서까지 언제나 과격한 공격을 하기는 어렵기 때문이다.

특허 괴물이 원하는 바는 분명하다. 특허권을 이용하여 수익을 창출하고 싶어 한다. 만약 제조업체가 끝까지 버틴다면 특허 괴물은 로열티를 받을 수 없다. 특허 괴물은 제조업체가 감당할 수 있는 만큼의 로열티를 제시할 가능성이 크다. 따라서 특허 괴물이 처음에 제조업체에게 너무 높은 로열티를 제시한다면 차분하게 협상으로 차감해 나가야 한다. 너무 높은 로열티 때문에 협상이 이루어지지 않아 특허 소송으로 번진다면 제조업체뿐만 아니라 특허 괴물도 손해를 본다. 특허 괴물도 막대한 소송 비용을 부담해야 하기 때문이다. 만일 여러 제조업체가 모두 소송을 진행한다면 특허 괴물은 감당하기 어려울 것이다. 이와는 다르게 특허 괴물 뒤에 제조업체가 숨어 있는 경우도 있다. 제조업체가 특허 괴물을 만들고 경쟁 회사를 공격하게 만들 수 있다. 따라서 우리는 특허 괴물의 실체를 먼저 파악하고 적절하게 대응해야 한다.

그렇다면 특허 괴물에 대한 선제적인 대응은 가능할까? 연구 개발에 착수하기 전에 특허 맵 등을 통하여 특허 전략을 점검하는 것이 하나의 방법이 될 수 있다. 특허 맵을 통하여 주요 특허를 도출하고, 주요 특허에 대한 전략을 추진해야 한다. 주요 특허를 회피하거나 라이선싱을 미리 해 두는 것이 요령이다. 제품이 출시되고 나면 특허권의 가치는 급등하고 로열티도 상승하기 때문이다. 더 적극적인 행위는 특허의 매입이다. 이렇게 선제적으로 주요 특허에 대해 대응한다면 특허 괴물에게 공격당할 위험성을 줄일 수 있다. 하지만 특허를 중심에 두고 연구 개발을 한다고 하더라도 위험 요소를 온전히 없애는 데에는 한계가 있다. 특히 특허의 개수가 많고 관련 특허권자도 다수인 경우에는 해결책이 쉽게 나오지 않는다.

충분한 선제적 대응에도 불구하고 특허 괴물로부터 공격을 당할 수 있는데, 이때는 어떤 대응 방안을 만들어야 할까? 대표적인 특허 괴물인 미국의 인터디지털(InterDigital)이 중국 기업 화웨이(Huawei)를 미국 국제무역위원회(ITC)에 제소한 경우를 예로 들 수 있다. 화웨이는 인터디지털에 반격하여 2011년 12월에 중국에서 인터디지털을 반독점법 위반을 이유로 소송을 제기하였다. 미국 기업과 중국 기업의 분쟁이 미국에서 시작되어 중국까지 번지는 모습을 보여 주었다. 광동성 고급인민법원은 2013년 10월에 화웨이의 손을 들어 주었다. 인터디지털은 화웨이에게 다른 기업보다 10배 높은 로열티를 요구하였으며, 이는 중국 독점금지법상의 시장지배적 지위를 남용한 행위에 해당한다는 이유였다. 특허 괴물의 공격에 독점금지법으로 맞서 싸운 사례이다.

한국의 공정거래위원회는 2014년 12월 특허 괴물의 횡포를 제재할 수 있는 '지식재산권의 부당한 행사에 대한 심사 지침'을 개정하였다. 특허권의 행사에 대하여 '독점 규제 및 공정 거래에 관한 법률'을 어떻게 적용할 것인지 구체화하였다. 우선 비제조업체(NPE)라는 용어를 '특허관리전문사업자'라고 칭하고, 특허관리전문사업자의 지식재산권 남용 행위를 구체화하였다. 통상적인 거래 관행에 비추어 현저히 불합리한 수준의 실시료를 부과하는 행위, 제3자로부터 취득한 특허권에 대해 통상적인 거래 관행에 비추어 볼 때 불합리한 수준의 실시료를 부과하면서 종전 특허권자에게 적용되던 FRAND 조건의 적용을 부인하는 행위, 컨소시엄을 통해 특허관리전문사업자를 설립한 복수의 사업자들이 컨소시엄에 참여하지 않은 사업자들에게 특허의 실시 허락을 부당하게 거절하거나 차별적인 조건으로 실시 계약을 체결하기로 합의하는 행위 등이 있다. 이를 기준으로 특허 괴물이 부당하게 특허권을 행사하면 '독점 규제 및 공정 거래에 관한 법률'을 검토하여 대응할 수 있다.

특허 괴물은 다른 특허권자로부터 특허를 매입하여 공격하는 형태를 취한다. 이러한 프로세스를 원천적으로 차단하기 위해서는 제조업체가 특허를 먼저 매입하여 선점하면 된다. 제조업체가 직접 매입하는 경우도 있지만, 특허 방어 펀드를 만들어 회원사를 위하여 특허를 매입해 주는 업체를 이용하기도 한다. 대표적으로 RPX(Rational Patent Exchange)가 있다. 자금력이 있는 기업은 이러한 방어 펀드에 가입하여 특허 분쟁을 방지할 수 있는 효과를 얻을 수 있다. RPX는 분쟁 중인 특허를 매입하기도 한다. 록스타(Rockstar)가 안드로이드 진영을 공격하자, 특허 분쟁의 대상인 4,000여 건의 특허를 RPX가 매입하기로 결정했다. 안드로이드 진영은 RPX의 회원사이기 때문에 록스타와의 특허 전쟁에 종지부를 찍을 수 있었다.

------------------------------- 핵 심 포 인 트 -------------------------------

- 특허 침해의 경고를 받으면 상대방의 의도를 파악하고 청구항과 자신의 제품을 검토하여 특허 침해 여부를 판단한다.
- 상대방 특허에 대한 비침해 논리로 금반언, 자유실시 기술, 선사용권을 검토할

수 있다.

- 상대방 특허에 대한 무효는 신규성과 진보성에 대한 검토 외에 발명자 문제, 정보개시진술서 제출 여부, 해외 선출원 규정의 준수 여부를 검토할 수 있다.

- 상대방을 위한 자사의 공격 특허를 검토하고, 필요하다면 특허 매입을 통하여 공격 특허를 준비할 수 있다.

- 특허 괴물의 공격을 예방하기 위해 특허를 매입하거나 특허 방어 펀드에 가입할 수 있으며, 특허 괴물이 공격하는 경우 특허 로열티를 차감하면서 지식재산권 남용 행위인지 검토한다.

이 책이 2016년에 출간된 후 8년의 시간이 흘렀고, 그동안 지식재산에도 많은 변화가 일어났다. 삼성과 애플의 특허 분쟁으로 많은 사람들이 지식재산에 익숙해졌고, 디자인 특허에 대한 인식이 크게 개선되었다. 대기업은 디자인 특허 신청을 크게 증가시켰고, 스타트업이나 중소기업이 디자인을 등록하고 권리를 행사하는 장면을 자주 목격한다. 스타트업이나 중소기업에게 디자인은 사업 경쟁력과 직결되기 때문에 디자인 분쟁은 당연한 현상이라 생각된다. 또한 영업 비밀을 체계적으로 관리하기 위한 변화가 주목된다. 특허 부서만 있던 대기업들이 영업 비밀 담당자나 부서를 신설하고, 특허와 영업 비밀의 적절한 조화를 위해 노력하고 있다. 한편 SBS 예능 프로그램 〈백종원의 골목식당〉에서 덮죽집 상표가 이슈로 부각되면서 소상공인과 창업자도 상표 등록에 큰 관심을 가지게 되었다. 이러한 변화는 어쩌면 선진국으

로 가려는 대한민국의 경제 성장을 위해 올바른 방향성이라 생각
된다.

특허 분야에서 임시 명세서 제도가 도입되면서 한국 기업이 특
허 신청일을 신속하게 확보하는 실무가 정착되었다. 대기업, 중
소기업, 스타트업 전반에 확산되어 활용되고 있는 현실을 보면
얼마나 필요한 제도인지를 알 수 있다. 또한, 기존에 한국 기업은
미국에 편중되어 특허를 신청했지만, 이제 중국에도 많은 특허를
신청하고 있다. 이러한 변화는 중국의 소비 시장이 커지기 때문
이고, 기업 간의 특허 협상에서 미국 특허 외에도 중국 특허도 논
의 대상이기 때문으로 추정된다. 결국 한국 기업에게 중요한 시
장이 있는 인도, 동남아 국가도 특허 신청이 필요한 시기가 조만
간 다가올 것으로 예상된다.

해외에서도 많은 변화가 있었다. 2018년부터 본격화된 미·중
무역 분쟁은 2019년 12월에 1단계 무역 합의가 이르렀다. 무역
분쟁 합의문은 총 8개의 장으로 구성되었는데, 제1장이 '지식재
산'이었다. 이를 계기로 중국 특허법은 손해액의 5배까지 인정할
수 있는 징벌적 손해배상제도를 도입하고, 오랫동안 도입이 미뤄
진 부분 디자인 제도도 신설되었다. 한국 기업을 괴롭혀 온 중국
상표 브로커의 선점 행위를 막을 수 있는 조항도 상표법에 신설
된 후 중국 현지의 분위기가 바뀌었고, 한국 기업들이 중국 상표
브로커에 대응하는 데 도움이 되고 있다.

유럽은 오랫동안 논의한 '유럽 단일 특허'와 '통합특허법원'을
2023년 출범하였다. 이제 우리 기업이 기존처럼 유럽 특허에 대

해 개별국으로 특허를 등록하거나 단일 특허로 등록할 수 있는 선택권이 생겼고, 각 국가의 법원에서 소송을 진행하지 않고 통합된 특허법원을 활용할 수 있다. 중국과 유럽의 큰 변화를 보면서 지식재산의 역동성을 다시 한번 느낀다.

이 책의 내용을 이해할 수 있는 최근 사례를 살펴보자. 전기 자동차의 보급과 함께, 한국에서 2차 전지 산업이 부상하였고, 반도체, 디스플레이에 이어 부품 산업으로서 2차 전지 산업은 한국의 경제 성장을 이끌 것으로 예상된다. 2차 전지는 본문에서 설명한 제품 생애 주기에서 성장기에 있는 제품으로, 기업 간의 경쟁이 치열해지면서 특허의 개수도 급격히 증가하고 있다. 2024년 6월, LG 에너지솔루션은 등록 특허 32,564건 중 1,000여 건 정도가 전략 특허(경쟁사가 침해했거나 침해가 예상되는 특허)이고, 580여 건이 침해가 확인된 특허라고 발표하면서 특허관리전문회사인 튤립 이노베이션에 특허 라이선싱 대행을 맡겼다. 튤립 이노베이션은 LG 에너지솔루션 특허와 파나소닉 리튬이온 배터리 특허를 통합하여 특허 포트폴리오를 만들고, 특허 라이선싱 프로그램을 가동한다고 한다. 이 특허 라이선스로 LG 에너지솔루션은 특허 로열티 수익을 확보하고 경쟁사의 제조 단가 상승에 따른 경쟁력 강화의 효과를 얻을 것으로 예상된다.

이 사례에서 우리는 제품 생애 주기에 따른 기업 간 경쟁과 특허 개수의 변화를 엿볼 수 있으며, 기업이 보유 특허를 평가하고 경쟁사가 침해하거나 침해가 예상되는 특허를 분류하고 있음을 알 수 있다. 이러한 보유 특허 중 전략 특허는 본문의 내용처럼

5% 이내이고, 음극, 양극, 전해질, 분리막 등 기술별 특허 포트폴리오를 구성한다는 점도 보여 준다. 2차 전지 기업 간 경쟁이 치열해지자 경쟁사를 견제하기 위하여 특허 라이선스가 가동되고, 특허 라이선스는 대기업임에도 특허관리전문회사에 맡기는 모습을 볼 수 있다. 특허관리전문회사는 파나소닉과 LG 에너지솔루션의 특허를 통합하여 특허 포트폴리오를 구성함으로써 후발주자와의 협상에서 유리한 고지를 선점하려 하고 있다. 독자 입장에서 이 책을 읽은 보람을 느끼게 하는 언론 기사가 되지 않을까 상상해 본다.

이 책의 독자는 지식재산과 관련된 기사를 보면서 기업이나 산업의 변화를 통찰할 수 있는 '세상을 읽는 눈'을 가지길 바란다. 앞으로 이 책이 다양한 분야의 독자들에게 교양 도서로 꾸준히 읽히고, 대한민국의 지식재산이 경제 성장을 이끌어 가기를 기원해 본다.

2024년 8월
김태수

□ 도서 및 각종 서적

강신기,『지구를 흔든 남자』, 이가서, 2004년

서기선,『대한민국 특산품 MP3 플레이어 전쟁』, 도서출판 한울, 2008년

와다나베 도시야·스미구라 고우이치 저, 김완묵 역,『기술 발명을 파는 사람들』, 한국이공학사, 2006년

竹田和彦 저, 김관식 외 4인 역,『特許의 知識』제8판, 도서출판 에이제이 디자인기획, 2011년

레인 캐러더스 저, 박수찬 역,『다이슨 스토리』, 미래사, 2011년

리처드 L. 브랜트 저, 안진환 역,『One click 원클릭』, 자음과모음, 2012년

나카지마 다카시 저, ㈜인포구루 역,『충격의 비즈니스 모델 특허』, SigmaInsight, 2000년

채지형,『싸이월드는 왜 떴을까?』, 제우미디어, 2005년

이상주,『대한민국에 특허괴물 몰려온다』, 나남 출판사, 2010년

허제,『3D 프린터의 모든 것』, 도서출판 동아시아, 2013년

특허청·발명진흥회 편저,『지식재산의 이해』, 박문각, 2012년

필립 코틀러·발데마 피르치 저, 김태훈 역,『필립 코틀러 인브랜딩』, 청림

출판, 2013년

데이브 목 저, 박정태 역, 『열정이 있는 지식기업 퀄컴이야기』, 굿모닝북
스, 2007년

나카무라 슈지 저, 예영준 역, 『좋아하는 일만 해라』, 사회평론, 2004년

오병석, 『특허가치전략: 특허경영 전략의 관점에서』, 페이퍼하우스,
2009년

루이스 V. 거스너 Jr 저, 이무열 역, 『코끼리를 춤추게 하라』 개정판,
2012년

진병호 외 3인, 『브랜드 세계를 삼키다』, 이담북스, 2015

Michael A. Gollin, 『Driving Innovation』, Cambridge University Press,
2008

Suzanne S. Harrison, Patrick H. Sullivan, 『EDISON IN THE
BOARDROOM REVISITED: How Leading Companies Realize
Value from Their Intellectual Property』, second edition, 2011

Kevin G. Rivette, David Kline, 『REMBRANDTS IN THE ATTIC:
Unlocking the Hidden Value of Patents』, Harvard Business School
Press, 2000

Gordon Mckibben, 『Cutting Edge: Gillette's Journey to Global
Leadership』, Harvard Business School Press, 1998

□ 논문 및 보고서

Innovate America, 「Council on Competitiveness」, 2005

WIPO, 「2012 World Intellectual Property Indicators」

WIPO, 「2013 World Intellectual Property Indicators」

WIPO, 「Patent Cooperation Treaty Yearly Review」, 2014

Philips, 「Philips Research: 100 years of patents and publications」, 2014

Michael D. Hartogs, 「Presentation to FTC/DOJ Joint Hearings on Single Firm Conduct」, January 30, 2007

국가과학기술심의회, 「기술무역 심층분석 및 정책방안」, 2013년 12월 10일 심의사항

이순호, 「금융기법에 대한 특허권 인정제도의 현황과 과제」, 한국금융연구원, 2013년

손수정 외 4인, 「지식재산비즈니스 모델 전망과 성장동력화 방안」, 과학기술정책연구원, 2011년

김일규, 「인도 대법원의 글리벡 특허소송 최종 판결 및 인도 특허법의 WTO TRIPS 협정과의 합치 성에 대한 고찰」, 지식재산연구 제9권 제1호, 2014년 3월

특허청, 2009년 정책 연구보고서, 한국보건산업진흥원 주관, 「제약분야의 에버그린 특허 전략과 분쟁 사례 연구」

성열용 외 2인, 「지식재산권 중심의 연구 개발 전략 도입 방안」, 산업연구원, 2012년

최장식, 「특허 포트폴리오 구축 전략, 한국발명진흥회 강의자료」, 2014년

특허청, 「사례 중심의 지식재산경영 매뉴얼 특허경영」, 2010년

특허청, 「2012년도 직무발명제도 운영 우수사례집」, 2012년

특허청, 「개정 직무발명보상제도 해설 및 편람」, 2013년

특허청, 「정당한 직무발명 보상을 위한 산업군별 실시보상액 산정방안 연구」, 2013년

특허청, 「쟁점별 직무발명 한일 판례 150선」, 2012년

현병환, 「3P 분석 이용해 국가연구 개발 생산성 높인다 (2)」, 과학과 기술, 3월호

박찬수, 「글로벌 특허전쟁의 확산과 산업의 경쟁구도 변화」, 삼성경제연구소, 2011년, CEO Information 제823호

정성창, 「LED 산업과 특허분쟁: 후발 기업의 대응을 중심으로」, 서울대학
　　교 석사학위논문

e 특허나라, 「Best 분석 사례 보고서」

특허청, 「중국 상표 보호의 모든 것」, 2017년

□ 기사 및 인터넷 자료

국가지식재산위원회, "MP3 플레이어, 세계 최초로 개발하고도 3조원 날
　　려", 2012년 7월 17일 보도 자료

"자발적으로 추진하는 스케이트 보드", 특허청, 2007년 10월 6일 보도
　　자료

'원조 ICT코리아' 좁은 시장·정책 부재… 창조적 전략 필요, 디지털타임
　　스, 2014년 9월 21일 기사

특허청, "홈쇼핑 히트상품 '김치통' 특허 무효 결정", 2014년 7월 17일 보
　　도 자료

한국경제, 「1200만부나 팔렸는데… 마법천자문, 특허분쟁선 패소」, 2010.
　　5. 19.

특허청, "돈 되는 강한 특허, 베끼기도 피하기도 어려워", 2012년 2월 17
　　일 보도 자료

특허청, "개인발명가, 스크린골프 업계 골리앗 골프존과의 특허분쟁 1차
　　전에서 승리", 2014년 9월 26일 보도 자료

특허청, "스마트폰 케이스에 캐릭터 열풍", 2012년 6월 13일 보도자료 보
　　령제약 홈페이지, 글리마 정 제품 정보

공정거래위원회, "공정위, 퀄컴사의 모뎀칩 시장 독점력 남용 시정조치",
　　2009년 7월 23일 보도 자료

연합뉴스, 법원 "LG, LTE기술 발명 前연구원에 1억 6천만원 보상", 2014

년 11월 30일 기사

ARS technica, "Patent war goes nuclear: Microsoft, Apple-owned "Rockstar" sues Google"

한국경제, 이정훈 서울반도체 사장, '끝장 보겠다'는 의지로 위기 정면돌파… LED 특허싸움 땐 1년 넘게 머리도 안 잘라, 2014년 2월 12일 기사

JIANG CHYUN Intellectual Property Office, 2013년 11월 23일 데일리 뉴스 자료

공정거래위원회, 특허괴물·표준필수특허 남용행위 등에 관한 규율기반 마련, 2014년 12월 23일 보도 자료

월스트리트저널, 애플 속한 록스타 컨소시엄 특허 매각-스마트폰 특허 전쟁 막 내리나, 2014년 12월 24일 인터넷 기사 뉴시스, 특허 '무임승차' 방지… 라이선스 시장 진출(LG엔솔 돌파구 찾는다③), 2024년 6월 9일 기사